高等职业教育铁道机车“十三五”规划教材

机车行车安全装备

JICHE XINGCHE
ANQUAN ZHUANGBEI

主　编◎郝湘路
副主编◎张勤民
主　审◎李益民

配套课件

西南交通大学出版社
·成　都·

内容简介

本书是铁路职业院校铁道机车专业“十三五”规划教材。全书共分六章，涉及的机车行车安全装备主要有：机车信号、列车运行监控记录装置、机车综合无线通信设备、列车尾部安全防护装置、机车车载安全防护系统（即6A系统）及动车组ATP装置等。本书系统地介绍了目前机车上各种行车安全装备的功能作用、结构组成和工作原理，同时还侧重于介绍其在机车上的安装位置、操作方法及常见故障的分析和处理，有助于学习者实践操作能力的提高。

本书主要用作铁道机车专业高职院校教材，也可用作中等职业学校铁道机车专业教材，同时还可用作铁路现场职工的岗前培训教材和铁路技术人员的参考用书。

图书在版编目（CIP）数据

机车行车安全装备 / 郝湘路主编. —成都：西南交通大学出版社，2016.9（2022.1重印）
高等职业教育铁道机车“十三五”规划教材
ISBN 978-7-5643-5006-2

Ⅰ. ①机… Ⅱ. ①郝… Ⅲ. ①机车－行车安全－安全设备－高等职业教育－教材 Ⅳ. ①U268.2

中国版本图书馆CIP数据核字（2016）第213698号

高等职业教育铁道机车“十三五”规划教材
机车行车安全装备
主编　郝湘路

责任编辑　周　杨
助理编辑　宋浩田
封面设计　墨创文化

出版发行　西南交通大学出版社
（四川省成都市二环路北一段111号
西南交通大学创新大厦21楼）
发行部电话　028-87600564　028-87600533
邮政编码　610031
网　　址　http://www.xnjdcbs.com

印　　刷　四川煤田地质制图印刷厂
成品尺寸　185 mm × 260 mm
印　　张　10.5
插　　页　2
字　　数　265千
版　　次　2016年9月第1版
印　　次　2022年1月第3次
书　　号　ISBN 978-7-5643-5006-2
定　　价　33.00元

课件咨询电话：028-81435775

前　言

铁路运输安全是运输生产系统运行秩序正常、旅客生命财产无险、货物和运输设备完好无损的综合表现，也是在运输生产全过程中为达到上述目的而进行的全部生产活动相互协调运作而产生的结果。铁路运输生产的根本任务就是把旅客和货物安全、及时地运送到目的地，其作用、性质和特点，决定了铁路运输必须把安全生产放在各项工作的首要位置，铁路运输始终把安全作为永恒的主题。

机车行车安全装备是以保障列车行车安全为目的，将现代信息技术、计算机及自动控制技术应用到机车上的科技设备。我国铁路行车安全装备从 20 世纪 90 年代起开始起步，经过二十多年的发展，与铁路跨越式发展一同取得较大进步，为铁路整体改革发展做出了重要的贡献。目前应用最为广泛的机车行车安全装备有：机车信号、列车运行监控记录装置（简称监控装置）、机车综合无线通信设备（机车电台）、列车尾部安全防护装置（简称列尾装置）、机车车载安全防护系统（即 6A 系统）及动车组 ATP 装置等。

在铁路快速发展的今天，掌握不断出现的一批批新知识、新技术、新设备，既是铁路部门的当务之急，也是我们这些直接为铁路一线服务的职业技术学院的共同心愿。为了更好地服务于铁路，及时适应铁路现场对机车运用领域专业技能人才提出的更高要求，同时也是为了能有针对性地开展教学，特编写了此书。

本书主要介绍目前我国铁路机车上使用的各种行车安全装备的功能作用、结构组成、工作原理、使用操作及故障处理方法。全书共分六章，其中第二章主要介绍 LKJ2000 型列车运行监控记录装置，它对于机车的安全操纵、防止列车超速、冒进冒出信号等有着重大的作用，建议将本章内容作为全书的重点。

本书主要用作铁道机车专业高职教材，也可用作中等职业学校铁道机车专业教材，同时还可用作铁路现场职工的岗位培训教材和铁路技术人员参考用书。

本书由西安铁路职业技术学院郝湘路担任主编，西安铁路局西安电务段张勤民担任副主编，西安铁路职业技术学院李益民教授担任主审。具体分工如下：绪论，第一、二、四、五章和第三章第一节由郝湘路编写；第三章第二节由西安电务段张勤民编写；第六章由宝鸡电力机车检修厂王晓辉编写。在编写过程中得到了相关铁路局技术专家的大力支持与指导，在此一并致谢。由于编者能力有限、资料收集不全，书中难免会有许多不尽完善的地方，敬请广大读者批评指正。

编　者

2016 年 5 月

目　录

绪 论

当今铁路列车运行速度的不断提高及运行密度的进一步加大，对铁路列车客货运输安全提出了更高的要求。安全是铁路运输的生命线，是运输生产永恒的主题。铁路运输安全不仅影响着铁路企业本身的生产效率，也对社会政治经济的平稳发展有举足轻重的作用。

铁路运输生产的根本任务就是把旅客和货物安全、及时地送到目的地，其作用、性质和特点，决定了铁路运输必须把安全生产摆在各项工作的首要位置。同时铁路行车安全水平，又决定了铁路运输与其他运输方式竞争时所能体现出的竞争能力强弱、声誉好坏和经济效益高低，所以安全始终与铁路运输产业自身的发展和生存息息相关。

铁路行车安全，是指在铁路运输过程中，维护铁路正常的运行秩序，保证旅客及铁路员工生命财产安全，保证运输设备和货物完整性的全部生产活动。

一、铁路运输安全的特点

1. 安全的动态性

机车、车辆在固定轨道上的定向运动，是铁路运输最显著的特点。一系列运输安全问题，例如轮轨作用、弓网作用、列车速度控制和进路控制等都是围绕机车、车辆在轨道的定向运动而展开的。

2. 安全的反复性

铁路运输生产具有连续性、周期性和季节性的特点，随伴着生产的各种事故和不安全状况常常都是重复发生的，例如我国铁路年复一年的春运、防洪、防寒、防暑等，使得安全问题反复存在，如“两冒一超”（冒进进站、进路信号，列车超速）、断轨、断轴等惯性事故，已成为困扰运输安全的主要问题。

3. 事故后果的严重性

处于高速运动状态的列车，一旦设备发生异常或人为操作出现失误，可供纠正和避免事故的时间很短，可供选择的应急方式也很有限。铁路线路、机车车辆等硬件设备的成本很高，列车对旅客和货物的承载量也很大，一旦出现事故不仅会造成巨大的财产损失、人员伤亡和环境破坏，还会造成由于运输中断波及路网，打乱运输秩序，影响社会生产和运输的全局，极大地损害铁路的形象甚至政府的威信的严重后果。其社会影响的严重性难以估量。

4. 安全对管理的依赖性

铁路犹如一台大联动机，其运输生产过程是由车、机、工、电、辆等多工种联合进行的多环节作业过程，涉及的设备数量庞大、种类繁多，是复杂的人机动态系统。设备布局的延续纵深和操作人员岗位的独立分散的特点，使各工种和各环节的协同配合都离不开严格有效的管理。因此，运输安全水平在很大程度上也取决于管理的效能。

5. 安全的复杂性

安全受外部环境的影响很大，难以预测和控制。铁路运输是在一个开放的环境中进行的，其过程中有较大的空间位移和较长的时间延续，外界自然环境，如雨、雾、风、雪、雷电及各种自然灾害都会对运输安全产生不利影响。社会环境，如社会治安、社会风气及社会政治经济状况等，均可能对运输安全造成影响，而且难以预测和控制。

因此铁路运输安全综合治理的涉及面广、难度大。铁路安全技术的发展，包括设备安全性能的改进、人员安全素质的提高、环境安全质量的改善和安全管理水平的提高，都直接关系到铁路运输安全目标的最终实现。

二、机车运行安全的重要性

机车运行安全是铁路运输安全的关键。机车是铁路运输的牵引动力来源，它担负着牵引旅客列车和货物列车的任务以及站场内的调车工作。机车是完成铁路运输生产的重要基本设施。机车运行安全直接关系到铁路运输生产安全，并具有决定性和关键性的作用。

我国铁路非常重视机车运行安全，近年来推行了许多现代化的安全管理方法，例如以人为本的管理思想，充分发挥人员的积极性和主动性，并注重生产技能的培训；实行目标量化管理，根据上级下达的行车安全任务，进行分析研究，确定目标值，然后层层分解，把任务落实到车组、个人，并将其纳入奖惩，达到充分调动每个人积极性的目的；推行安全系统控制，如车机联控、联防联控等卓有成效的安全管理方法，逐渐形成具有中国特色的铁路行车安全管理模式。同时，不断强化安全技术装备建设，为了保障机车行车安全，我国铁路先后安装了列车安全运行监控记录、列车尾部安全防护、轴温报警等装置，加强整治无线列调场和统一区段频率，逐步使用机车综合无线通信设备，普及安装了通用或兼容式机车信号和列车无线防护报警等设备。

三、机车运行惯性事故——冒进信号的分析

在列车运行中，列车前端任何一部分越过显示为停车信号的固定信号时，都属于构成了列车冒进信号事故。它是险性事故的一种，是造成列车冲突、脱轨等重大事故的一大直接因素，是列车运行安全的“大敌”，必须坚决防止该事故的发生。

（一）发生列车冒进信号的原因

1. 机车乘务员没有按信号显示行车

（1）间断瞭望。乘务员在机车运行中，中断了对显示的前方信号的确认。例如打盹睡觉、

精力不集中、做其他事情，而正、副司机没有及时监督、提示。联控制度存在漏洞和不足也是原因所在。

（2）列车运行监控记录装置未起作用。主要原因是机车出段前未被彻底检查，运行中出现临时故障而未能及时排除等。

（3）超速运行。列车运行速度超过信号、线桥、道岔等各种限制速度，由于速度高、惯性力大，停车不及而导致冒进信号的发生。此种情况在实际中最为常见，多由于司机盲目求快，上坡闯、下坡放；盲目追求能源的节约，该调速时不调速，错过制动时机；思想麻痹，不按章操纵，想当然行车，遇到特殊情况又措手不及、手忙脚乱等原因而最终酿成事故。

（4）误认信号。司机认定的与信号显示的不一致，错误地冒进信号。主要原因包括：运行中不认真确认信号；不熟悉所担当区段站场信号设备，尤其是夜间行车，在密集的信号群中容易误认；责任心不强，联控呼唤应答不严肃、不认真，听不清不去过问，看不清仍旧行车。

（5）臆测行车。司机仅凭主观想象盲目行车，表现为凭经验、碰运气，一有变故，措手不及而导致冒进信号的发生。

2. 机车制动机系统故障

机车制动机构造复杂，容易发生故障，一旦列车制动系统中出现故障，就会由于减弱或失去制动力而导致冒进信号的发生。

3. 制动机操纵不当

司机不按制动机操作规程进行作业而违章操纵，致使制动力减弱或错过制动时机，造成冒进信号发生。主要表现为：

（1）减压轻微。司机不按规定减压，而采用轻微减压、多次追加的方法，导致列车制动力减弱。

（2）充风不足。司机盲目采用两段制动的方法，不掌握充风时间，致使列车制动主管充风不足，再制动时制动力减弱。

（3）高速进站。因速度高、制动晚而导致冒进信号的发生。

（二）冒进信号事故的预防

为了防止冒进信号事故的发生，必须做到以下几点：

（1）坚持认真执行瞭望制度。要坚持“彻底瞭望、确认信号、高声呼唤、手比眼看”的呼唤应答制度，坚决执行“车机联控”各项制度。做到“车动集中看、瞭望不间断、听不清就问、看不清就停”。

（2）严格掌握运行速度。司机应按图行车，保持正点运行，即使晚点也不允许盲目超速赶点的现象存在，要正确处理安全与正点、节约的关系，不能因小失大。

（3）严格按信号显示行车。信号显示，就是绝对服从的命令，“一点不差，差一点也不行”。坚持由两人以上确认信号，遇有显示不清楚、不正确的信号应视为停车信号，应立即减速停车，严禁臆测行车。

（4）保持机车各种行车安全装备的良好状态。机车出段前，要认真检查各安全行车设备是否处于开机状态，并严格执行签认制度，状态不良的机车严禁出段。在运行中，严禁随意关机。

（5）按规定使用制动机。

四、调车事故分析

（一）调车事故的原因

调车作业中，撞车、挤岔、脱轨是严重威胁运输安全的多发性事故，原因是多方面的，现就主要原因分析如下:

1. 撞车事故原因

（1）调车计划的传达和执行不严格。调车指挥人应向司机传达、司机应向副司机传达，作业中应执行“唱一钩、干一钩、挑一钩”的制度。如不严格执行，不认真传达，马虎大意，就会造成忘钩、漏钩，把有车线当空线，将牵引车当推进的现象发生而酿成撞车事故。

（2）间断瞭望、误认信号。调车作业中，信号种类繁多，显示复杂。机车乘务员如精神不集中、打盹睡觉或在作业中不认真执行“一人问、二人看，齐确认、同呼唤”的制度，盲目行车，极易造成撞车事故。

（3）超速调车。司机盲目求快，不顾各种限速而超速调车，一旦出现意外情况，会因停车不及而撞车。

2. 挤岔事故原因

（1）不确认信号。误将给别人的信号当成给自己的。一个信号被确认好了就误认为全通路信号都确认好了，从而盲目运行，导致越过关闭的调车信号机现象出现，将道岔挤坏。

（2）不要道还道。调车作业中，不认真执行“要道还道”制度。不认真确认股道开通信号显示是否正确，而是见到一个股道开通信号就盲目动车，结果造成误认别人的信号而越过调车信号，挤坏道岔。

（3）不认真确认道岔开通状态。确认道岔开通状态是最为关键一步，如不经过认真确认再开行，极易造成挤岔事故。

3. 脱轨事故原因

（1）或因瞭望不认真、信号未确认，盲目动车；或因速度快、制动慢造成停车不及，造成调车作业碰轧脱轨器；或因发生挤岔现象，造成先挤后脱。

（2）机车状态不良，如转向不灵活，轮缘磨耗超限、轮箍及轮毂松动等原因致使脱轨。

（二）调车事故的预防

（1）卡计划关。一定要认真核对、传达和执行调车计划，做到没有计划不调车、计划不清不调车，变更计划时要先停车再传达，禁止边作业边传达，作业中要严格执行调车制度，防止漏钩和错钩作业的发生。

（2）卡瞭望关。认真执行“车动集中看、瞭望不间断”的瞭望制度，出乘前充分休息，作业中集中精力，真正做到彻底瞭望。

（3）卡信号关。认真做到信号不清不动车，信号未经二人确认不动车，股道显示不正确不动车，道岔未经确认为开通状态不动车，无人显示停留车位置不联挂等。

（4）卡速度关。应严守各种信号、道岔、线路和调车作业的各种限制速度，严格按章行车，不超速冒险。

（5）卡机车质量关。应加强机车保养、维修的力度，保证各部分尺寸符合运用规定，各零部件性能良好，不准使用带病机车进行调车作业。

五、机车行车安全装备的意义

《铁路技术管理规程》（以下简称“技规”）（2014 版，普速铁路部分）第 28 条指出“铁路行车安全监测设备是保障铁路运输安全的重要技术设备，应具备监测、记录、报警、存取等功能，保证其作用良好、准确可靠，并定期进行计量校准”。

“技规”第 166 条指出“机车须配备机车信号、列车运行安全监控系统（LKJ、机车安全信息综合监测装置 TAX 箱、机车语音记录装置、列车运行状态信息车载设备、机车车号识别设备）、车载无线通信设备、机车列尾控制设备等。机车应逐步配备机车车载安全防护系统、机车限鸣示警系统及空气防滑装置等。电力机车还应配备自动过分相装置，并根据需要装设弓网检测装置等。根据需要机车还可配备车内通信、空调、卫生及供氧等设备”。

一般来说，铁路机车行车安全装备是指装设于机车、动车组以及自轮运转特种设备上，直接用于防止列车运行事故的发生或用作辅助机车乘务员提高操纵列车运行安全能力的装备，主要包括：机车信号、LKJ2000 型列车运行监控记录装置、机车综合无线通信设备（机车电台）、列车尾部安全防护装置（列尾装置）、机车轴温报警装置等，另外和谐系列机车上还安装了机车车载安全防护系统柜（6A 系统）。

1. 机车信号

机车信号又被称为机车自动信号，设在机车或动车组的驾驶室内，用来自动反映运行条件，指示机车或动车组的运行。机车信号能自动复示运行前方地面信号机显示的内容，克服天气影响和地形影响，改善司机瞭望条件。机车信号就像机车的眼睛，它指示着司机的操纵运行，保障列车的行车安全，也是传统意义上的机车三大件（又称机车三项设备）之一。

机车上装有感应器线圈即机车信号接收线圈，地面线路设有轨道电路。当机车靠近地面的信号机时，感应器线圈接收到轨道电路中发射的地面信号信息，经过机车上的滤波器、译码器、放大器等设备的处理，通过安装在驾驶室内的机车色灯信号机显示出来。

同时机车信号设备作为列车运行指令的信息源，会把运行指令输出到监控装置作为控车的基本条件。

目前采用的机车信号分为接近连续式和连续式两种，机车色灯信号机通常为双面八显示。

2. 列车运行监控记录装置

LKJ 型列车运行监控记录装置（简称监控装置）是中国铁路列车运行控制系统体系的组成部分，是用于防止列车冒进冒出信号、防止列车超速和辅助机车司机（含动车组司机）提高操纵能力的重要行车设备。监控装置是机车、动车组行车安全装备中最为核心和关键的设备。

监控装置的执行措施是：当出现超速、倒溜及运行速度有可能使列车越过关闭的地面信号机的状况时，先发出报警、卸载命令，提醒司机减速或通过卸载切除机车动力；而后启动常用制动或紧急制动装置，使列车减速甚至停车。

列车运行监控记录装置作为机车传统意义上的“三大件”之一，从1995年开始在全路机车上得到广泛的推广和应用。其与机车信号设备相结合，全程实现列车运行的速度安全防护功能和运行状态记录功能，是保证铁路行车安全的重要手段，是全路智慧的结晶。LKJ2000型列车运行监控记录装置，吸取了JK-2H型和LKJ-93型监控装置的成熟技术经验，在技术等级、功能、性能和可靠性等方面都有了较大程度的提高，并且在功能扩展性和与各项发展中的技术设备的接口配合方面作了适应设计，是监控装置的新一代设备。

LKJ2000型列车运行监控记录装置的研发是1998年原铁道部的重点项目（编号：98J08），经过多年的研究和不断地完善，LKJ2000 型列车运行监控记录装置荣获“铁道部科技进步一等奖”，荣获“湖南省科技进步一等奖”，并成为铁路运输领域主导型的行车安全装备。

3. 机车综合无线通信设备（机车电台）

列车无线调度电话（以下简称无线列调）是重要的铁路行车通信设备，号称列车行车传统意义上的“三大件”之一，在保证列车安全正点运行、实现铁路运输集中统一指挥和各部门协调作业、提高列车通过能力、通告险情、防止事故、救援抢险等各方面都具有重要的作用。

机车综合无线通信设备（Cab Integrated Radio Communication Equipment，CIR）是铁路无线列调通信系统机车电台的升级换代设备，是基于GSM-R数字移动通信技术、GPS全球定位技术、450MHz模拟无线电台通信技术等开发的综合车载通信设备，包括话音、数据等业务，主要应用于客运专线或高速铁路。它与地面的GSM-R设备和450MHz设备共同组成一个完整的铁路综合无线通信网，并已逐步取代通用式机车电台，是今后铁路无线通信的发展方向。随着通信技术的发展和业务需求的不断增加，机车无线通信的内容也得到了完善与发展，并形成了机车综合无线通信平台。

4. 列车尾部安全防护装置（列尾装置）

列车尾部安全防护装置，简称列尾装置，是用于在货物列车取消守车后，在尾部无人值守的情况下为提高铁路运输的安全性而研制的专用运输安全装置，设备应用计算机编码、无线遥控、语音合成、计算机处理技术，是为保证列车运行安全而设计生产的安全防护设备，也是重要的铁路行车设备。

列尾装置的主要功能有：列车尾部风压查询、列车尾部风压异常报警、列车尾部排风制动、列尾主机电池电量不足报警、列车尾部标识、黑匣子记录功能。

国内主要的列尾装置，都是利用机车上和列车尾部分别安装的无线发射和接收装置来进行作业的。本务机车与列尾装置主机通过无线编码构成“一对一”关系。机车乘务员用机车控制盒发出需要的查询信号，列尾装置主机在接收到本次列车的本务机车发出的指令后，向机车反馈查询信息，并在机车乘务室用语音播发，或向尾部列尾装置主机中的风压控制系统发出响应的排风指令，可实现全列车安全停车，防止列车放飏事故的发生。此外，列尾装置主机还具有监控功能，在列车主风管被切断，主管泄露量超过规定值时，列尾装置主机会及时向机车乘务员发出警示，提醒机车乘务员注意列车运行状态。

目前在我国铁路运输系统中，客运列车也已逐渐取消了运转车长一职，而是由已经运用于客运列车上的新一代的客车用列尾装置取代。

5. 机车车载安全防护系统（6A 系统）

机车车载安全防护系统（简称 6A 系统）是针对机车的高压绝缘、防火、视频、列车供电、制动系统、走行部等涉及安全的重要事项、重点部件和部位，采用的具有实时检测、监视、报警并可实现网络传输、统一固态存储和拥有智能人机界面等功能的系统，是一个经过整体研究设计而形成的平台化的安全防护装置，最终的目的是实现统一功能接口、统一数据存储、统一安装方式、统一人机界面、统一维护操作。

6A 系统依托 CMD 系统作为传输平台，与车载微机系统、LKJ 监控系统共同构成机车数据源。

系统由中央处理平台和六个子系统构成，即以中央处理平台（CPP）为核心，集成了六个监控子系统：机车高压绝缘检测子系统、机车防火监控子系统、机车自动视频监控及记录子系统、机车列车供电监测子系统、机车空气制动安全监测子系统和机车走行部故障监测子系统。

伴随着铁路机车车辆、铁路通信信号、铁路线路等设备不断现代化的进行，行车安全监控、检测设备也得到了广泛应用，为行车安全做出了重大贡献。行车安全装备是保障列车安全运行的装置，是不可缺少和需要不断升级的设备，在当今高速列车和重载列车的快速发展过程中，其更是要放在首位来进行改进和完善的重大设备，研究和发展列车安全装备也是一个永恒的课题。

第一章　机车信号

【本章要点】

机车信号能自动复示运行前方地面信号机的显示，它设在机车或动车组的驾驶室内，用来自动反映运行条件，指示机车或动车组运行。它能够克服天气影响和地形影响，改善司机瞭望条件，保证了行车安全，提高了运输效率。

机车信号分为连续式机车信号和接近连续式机车信号，满足故障—安全原则的要求。

绝大部分机车采用双面八显示机车信号机。

目前广泛使用的 JT1-C 系列机车信号车载设备由机车信号主机、机车信号机、双路接收线圈等组成。JT1-CZ2000 型主体化机车信号，采用双机热备的工作方式，具有全面记录机车信号动态运行数据的功能，其组成包括车载主机、高可靠感应线圈、记录器等。

第一节　概　述

一、机车信号的定义

机车信号又称为机车自动信号，设在机车或动车组的驾驶室内，用来自动反映运行条件，指示机车或动车组运行。而为了实现机车信号的正常作业而设置的整套技术设备被称为机车信号设备。

机车信号能自动复示运行前方地面信号机的显示，克服天气影响和地形影响，改善司机瞭望条件。

二、机车信号装置在安全行车中的意义

地面上的信号机由于曲线、隧道等地形限制，给司机瞭望带来一定的困难。特别是在雨雪、风沙、大雾迷茫等恶劣气候条件下，地面信号更是看不清。机车信号的出现，使得司机可以及时了解下一区间的状态，速度控制时能做到心中有数，平稳地操纵列车运行。如果没有机车信号，司机仅凭肉眼很难安全操纵机车，容易发生冒进冒出、区间停车，影响后续列车的运行。

随着列车速度的不断提高，特别是高速列车的出现，显示距离约 1 km 的信号机已很难使司机从容采取措施。比如在恶劣情况下，司机凭肉眼看见红色停车信号时，即使立即紧急刹车，列车在巨大惯性的推动下，也有可能越过信号机 2 km。因此，单纯依赖地面信号机，显然是极其危险的。

为了解决这个问题，人们研制出了机车信号机，它装在机车司机室内，能显示和地面信号机同样的信号，保证了行车安全，提高了运输效率，也改善了司机的工作条件。

机车信号机的语音功能可以提醒深夜驾驶机车的乘务员，虽然和 LKJ 上的警惕装置有较大差距，但是也可以让司机做出正确的判断。

机车信号和 LKJ 监控装置配合使用将会更加的智能化，如果机车信号机装置出现故障，司机可以在监控装置左上角看到信号显示和信号机的种类，也可以在大的显示屏幕中看到接近的信号机显示状态和距离，更加地改善了司机的工作条件，更好地保障了列车的安全正点到达。

三、机车信号的分类

轨道电路中传递的信息可分为不同制式，每一种信号制式的地面发送设备和机车上的接收、译码、点灯设备构成一种信号系统，信号系统中机车上的接收、译码、点灯设备即为机车信号。

机车信号按不同工作制式主要分为以下几种：交流计数、移频、极频和由 UM71 轨道电路组成的多信息信号系统。

“技规”（2014 版，普速铁路部分）第 102 条规定“机车信号分为连续式和接近连续式。自动闭塞区段应装设连续式机车信号，半自动闭塞和自动站间闭塞区段应装设接近连续式机车信号。机车信号的显示含义，应与线路上列车接近的地面信号机的显示含义相符”。

1. 连续式机车信号

主要用于自动闭塞区段，利用自动闭塞分区的轨道电路向机车传送信息。连续式机车信号没有距离限制，只要列车在轨道上行驶，被机车第一轮对短路的轨道信号电流就会在钢轨周围产生磁场。装在机车上的感应器接收到的信号，经过解码使机车信号机能够不断地显示与前方地面信号机相同的信号。因此，在整个区间线路上，机车信号能连续地反映前方地面信号机的显示。

2. 接近连续式机车信号

用于非自动闭塞区段，在进站信号机外方的一个固定地点设置发送设备，并在固定地点到进站信号机之间安装一段轨道电路。因此它从固定地点开始一直到进站信号机处为止，都连续不断地向机车上传地面信号的信息，使机车信号机连续复示进站信号机的显示。这对于瞭望条件困难和运输繁忙的非自动闭塞区是非常有益的。

“技规”（2014 版，普速铁路部分）第 101 条规定“最高运行速度不超过 160 km/h 的机车，机车信号设备与列车运行监控装置（LKJ）结合使用”。当机车速度超过司机辨认地面信号机显示的临界速度（160 km/h）时，则把机车信号作为主体信号来使用。

四、机车信号的基本技术条件

任何机车信号都应满足下列基本技术条件：

（1）设备工作稳定可靠，受天气、环境的干扰影响小。

（2）应装有足够显示数目的机车信号机，以直观地反映地面信号机的显示。

（3）配合有音响信号，在机车信号变化为较限制显示时鸣响，更加引起司机注意。

（4）能满足故障—安全原则的要求。

（5）设备安装在机车上后，不得超出机车车辆限界。

机车信号机如图 1.1 所示。

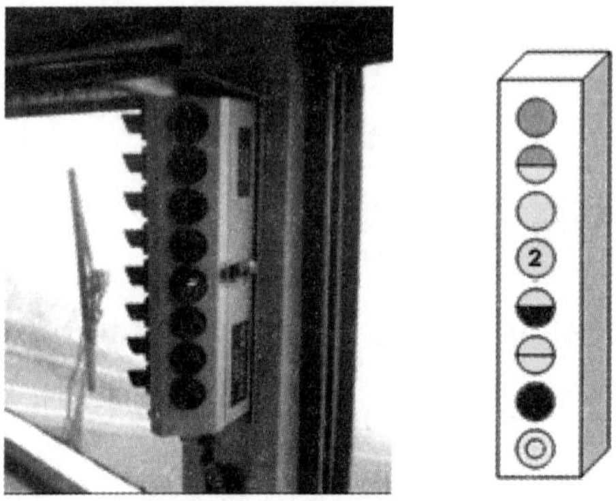

图 1.1 机车信号机

五、机车信号机的显示意义

双面八显示机车信号机（以下简称机车信号机）的颜色自上而下分别为：绿、半绿半黄、黄、黄 2（黄色印“2”字）、半黄半红、双半黄、红、白八种。

1. 三显示自动闭塞区段的连续式机车信号机

图 1.2（a）—图 1.2（k）见附录彩页。

（1）一个绿色灯光——准许列车按规定速度运行，表示列车接近的地面信号机显示绿色灯光（见图 1.2（a））。

（2）一个半绿半黄色灯光——准许列车按规定速度注意运行，表示列车接近的地面信号机显示半个绿色灯光和半个黄色灯光（见图 1.2（b））。

（3）一个带“2”字的黄色闪光——要求列车注意运行，表示列车接近的地面信号机显示一个黄色灯光，并预告次一架地面信号机开放经 18 号及以上道岔侧向位置的进路，且列车运行前方第三架信号机开通直向进路或开放经 18 号及以上道岔侧向位置的进路（见图 1.2（c））。

（4）一个带“2”字的黄色灯光——要求列车注意运行，表示列车接近的地面信号机显示一个黄色灯光，并预告次一架地面信号机开放经道岔侧向位置的进路（但不满足上述第（3）项条件）（见图 1.2（d））。

(5)一个黄色灯光——要求列车注意运行,表示列车接近的地面信号机显示一个黄色灯光,并预告次一架地面信号机处于关闭状态（见图 1.2（e））。

(6) 一个双半黄色闪光——要求列车限速运行，表示列车接近的地面信号机开放经 18 号及以上道岔侧向位置的进路，且次一架信号机开通直向进路或开放经 18 号及以上道岔侧向位置的进路；或表示列车接近设有分歧道岔线路所的地面信号机开放经 18 号及以上道岔侧向位置的进路、显示一个黄色闪光和一个黄色灯光（见图 1.2（f））。

(7) 一个双半黄色灯光——要求列车限速运行，表示列车接近的地面信号机开放经道岔侧向位置的进路（但不满足上述第（6）项条件）、显示两个黄色灯光或其他相应显示（见图 1.2（g））。

(8) 一个半黄半红色闪光——表示列车接近的进站、接车进路或接发车进路信号机显示引导信号或通过信号机显示容许信号（见图 1.2（h））。

(9) 一个半黄半红色灯光——要求及时采取停车措施，表示列车接近的地面信号机显示红色灯光（见图 1.2（i））。

(10) 一个红色灯光——表示列车已越过地面上显示红色灯光的信号机（见图 1.2（j））。

(11) 一个白色灯光——不复示地面上的信号显示，机车乘务人员应按地面信号机的显示运行（见图 1.2（k））。

无显示时，表示机车信号机在停止工作状态。

2. 四显示自动闭塞区段连续式机车信号机

图 1.3（a）—图 1.3（k）见附录彩页。

(1) 一个绿色灯光——准许列车按规定速度运行，表示列车接近的地面信号机显示绿色灯光（见图 1.3（a））。

(2) 一个半绿半黄色灯光——准许列车按规定速度注意运行，表示列车接近的地面信号机显示半个绿色灯光和半个黄色灯光（见图 1.3（b））。

(3) 一个带“2”字的黄色闪光——要求列车减速到规定的速度等级越过接近的显示一个黄色灯光的地面信号机，并预告次一架地面信号机开放经 18 号及以上道岔侧向位置的进路，且列车运行前方第三架信号机开通直向进路或开放经 18 号及以上道岔侧向位置的进路（见图 1.3（c））。

(4) 一个带“2”字的黄色灯光——要求列车减速到规定的速度等级越过接近的显示一个黄色灯光的地面信号机，并预告次一架地面信号机开放经道岔侧向位置的进路（但不满足上述第（3）项条件）（见图 1.3（d））。

(5)一个黄色灯光——要求列车减速到规定的速度等级越过接近的显示一个黄色灯光的地面信号机，并预告次一架地面信号机处于关闭状态（见图 1.3（e））。

(6) 一个双半黄色闪光——要求列车限速运行，表示列车接近的地面信号机开放经 18 号及以上道岔侧向位置的进路，且次一架信号机开通直向进路或开放经 18 号及以上道岔侧向位置的进路；或表示列车接近设有分歧道岔线路所的地面信号机开放经 18 号及以上道岔侧向位置的进路、显示半个黄色闪光和半个黄色灯光（见图 1.3（f））。

(7) 一个双半黄色灯光——要求列车限速运行，表示列车接近的地面信号机开放经道岔侧向位置的进路（但不满足上述第（6）项条件）、显示两个黄色灯光或其他相应显示（见图 1.3（g））。

（8）一个半黄半红色闪光——表示列车接近的进站、接车进路或接发车进路信号机显示引导信号或通过信号机显示容许信号（见图 1.3（h））。

（9）一个半黄半红色灯光——要求及时采取停车措施，表示列车接近的地面信号机显示红色灯光（见图 1.3（i））。

（10）一个红色灯光——表示列车已越过地面上显示红色灯光的信号机（见图 1.3（j））。

（11）一个白色灯光——不复示地面上的信号显示，机车乘务人员应按地面信号机的显示进行运行命令（见图 1.3（k））。

无显示时，表示机车信号机在停止工作状态。

3. 接近连续式机车信号机的显示

接近连续式机车信号机的显示方式与连续式机车信号机相同。

4. LKJ 屏幕显示器的机车信号显示

LKJ 屏幕显示器的机车信号显示应与机车信号机的显示含义相同。

六、JT1-C 系列机车信号车载设备

目前广泛使用的 JT1-C 系列机车信号车载设备在解决通用性的同时，又达到主体化的要求，它采用多制式并行接收处理、动态控制安全点灯电源、双路线圈同时接收、系统冗余结构、记录信号原始波形、地面数据处理软件等创新性技术，具有高安全性和高可靠性。

JT1-C 系列机车信号车载设备结构由机车信号主机、机车信号机、双路接收线圈等组成，如图 1.4 所示。

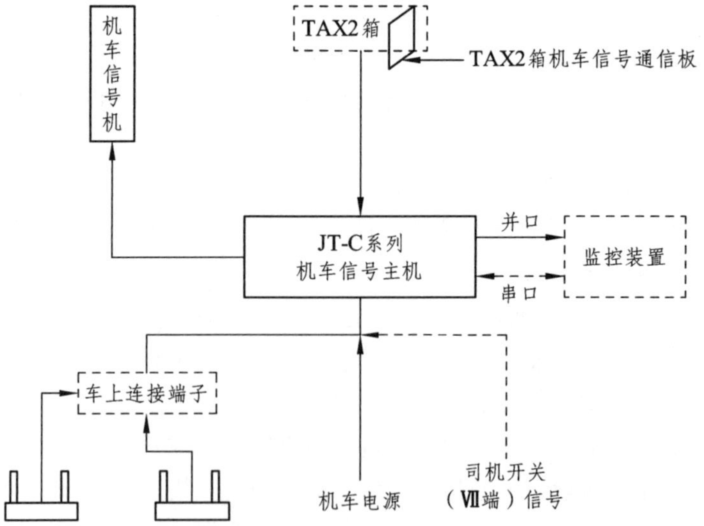

图 1.4 JT1-C 系列机车信号车载设备结构图

机车信号主机从接收线圈接受移频信号，通过对接收的信号进行处理、解调、译码以得到机车的信号信息，再把机车信号信息输出到机车信号机，向司机提供显示。同时把机车信号信息输出到监控装置作为控车基本条件。

接收线圈安装在机车转向架前端，通过与钢轨的电磁耦合接受钢轨上的信号，然后传送给机车信号主机。接收线圈内部为双线圈，机车信号机为双面八显示色灯信息柱。

七、国内外机车信号现状

我国铁路由于历史和技术等因素，存在着多种自动闭塞制式。非电气化区段自动闭塞主要有 50 Hz 交流计数、极性脉冲和非电气化移频三种制式。电气化区段自动闭塞主要有 25 Hz 和 75 Hz 交流计数，电气化移频等多种制式。

我国目前的轨道电路向机车传输的信息，均为周期低频调制信号，尤其是移频和 UM-71 制式，具有确定的、离散的、有限频率数的谱结构。这种谱结构与各种干扰的频谱有显著的区别，与不平衡牵引电流、机车发电机干扰、机车振动等干扰形成的谱结构均不同。因而，采用频域的频谱分析和识别的方法，来分辨有用信号和干扰具有天然的优势。尤其是当干扰信号落在信号频带内时，可以利用频谱识别的办法将其剔除。

在自动化机车信号设备的研制方面，国内较具代表性的设备是北京交通大学研制的 JT1-CZ2000 型主体化机车信号。该机采用双机热备的工作方式，具有全面记录机车信号动态运行数据的功能；主机采用 TMS320VC33 型 DSP，可接收 UM200 数字编码信号，兼容 UM71 等制式的机车信号；采用了 LED 信号机。

在引进设备方面，目前主要引进的法国高速铁路中应用的机车信号制式，TVM300 和 TVM430 两种，其中 TVM430 是基于 TVM300 发展起来的，在最新 TGV 线路上应用的系统。TVM430 系统采用的固定闭塞分区约 1 500 m（TVM300 系统使用更长的固定闭塞分区），因为闭塞分区比列车制动距离（约 6 000 m）短，所以一个完整的制动过程通常要占用 4 个闭塞分区。短闭塞分区允许列车以较短的运行间隔运行，这样可以在不对列车制动性能提出更高要求的前提下，提高高速线路的运营能力。在使用 TVM300 系统的法国东南线上，最小的运行间隔为 5 min，在大西洋线上为 4 min；而在采用 TVM430 系统的北方线上，最小运行间隔仅为 3 min。

我国的机车信号从无到有，从有到好，发展至今已有近 40 年的历史，经历了以下 4 个发展阶段：

第 1 阶段（20 世纪 50 年代初至 60 年代初），机车信号的产生阶段，其特征是点式机车信号，主要引进国外的电磁继电器式和机-电式的设备。

第 2 阶段（20 世纪 60 年代初至 80 年代中），针对某种轨道电路制式开发相应的专用机车信号装置。

第 3 阶段（20 世纪 80 年代中至 90 年代初），研制应用微机控制的通用式机车信号（第 1 代、第 2 代），开发应用数字技术的通用式机车信号（第 3 代）。

第 4 阶段（20 世纪 90 年代初至今），研制适用于主体化性质的机车信号车载设备，包括车载主机、高可靠感应线圈、记录器等。

纵观上述发展过程，我国的机车信号是遵循从量变到质变规律进行发展的。发展的每个阶段延续若干年，这反映了人们的认知过程。机车信号的主体化研制、开发、应用也必然会延续数年，但由于各种新技术的飞跃发展，开发周期将会大大缩短。

八、机车信号存在问题及发展方向

机车信号主体化，就是说机车信号不再是辅助信号，而是司机控制列车运行的凭证。即在司机难以辨认地面信号的情况下，可以以机车信号作为列车运行的凭证；在通过信号机灯光熄灭，而机车信号显示进行信号时应按机车信号显示运行。

机车信号从辅助信号上升到主体信号，使机车信号在列车运行中的地位发生了本质的变化。但是，机车信号的基本功能仍是预告列车运行前方信号机的显示，即“机车信号的显示应与线路上列车接近的地面信号机的显示含义相同”。机车信号主体化对机车信号的稳定性和可靠性提出了从量变到质变的要求。稳定性表述的是机车信号显示正确的程度，可以用机车信号显示正确率度量；可靠性表述的是机车信号设备无故障正常工作的程度，可以用设备完好率度量，列车运行一个交路中机车信号无故障并正常工作叫做一次设备完好。

1. 机车信号稳定性涉及的问题

机车信号是通过安装在机车上的传感器，把地面通过钢轨线路传送的信息传递到机车上，经过放大、滤波、信息译码后，控制机车的信号显示。

1）地面信息特征偏离要求

机车信号是根据地面信息特征进行译码的，如移频信号的特征是：载频、频偏、低频调制频率、幅度；交流计数信号的特征是：载频、码的宽度、间隔宽度、幅度。信息特征有一定的允许误差，机车信号设备是在地面信号允许的误差范围之内进行译码的，一旦地面信号的信息特征超出了允许范围，将引起机车信号设备错误译码，错误显示白灯。另外，地面给出错误信息往往是由于配线错误造成的。

2）站内电码化的影响

机车信号工作不稳定，主要表现在站内，主要是由站内电码化引起的。自动闭塞区段站内电码化采用预叠加发码方式，解决了接近发码方式对机车信号的影响。站内电码化对机车信号的影响还表现在：正线实现站内电码化，侧线只实现了股道电码化，而道岔区段没有电码化。当侧线接、发车，列车通过道岔区段时，机车信号点白灯，机车信号主体化将对这一点提出新的要求。

3）机车信号邻线干扰

随着机车信号主体化的提出，机车信号邻线干扰的问题须引起注意。由于站内侧线道岔区段没有电码化，站内邻线干扰对机车信号的影响比较大。例如，列车由侧线发车，机车信号点绿灯，此时正线同方向有列车且正线出站信号机关闭。当列车越过侧线出站信号机进入道岔无码区段后，机车信号应该点白灯，但是受邻线干扰，机车信号有可能点红/黄灯。

4）机车信号设备工作稳定性问题

机车信号设备工作稳定性问题主要涉及机车信号的接收灵敏度、应变时间、译码的判别标准等。目前推广应用的机车信号设备，均已采用计算机技术，机车信号设备工作稳定性主要取决于设备的抗电磁干扰的能力、设备工作的温度范围及译码软件是否存在缺陷。

2. 机车信号可靠性涉及的问题

机车信号可靠性涉及的问题主要是指由于车载机车信号设备故障，导致机车信号不能工作从而丧失功能。采用计算机技术的机车信号主机，其故障现象主要有：元器件失效、设备故障、机车信号完全不能工作；机车信号设备故障不能工作，重新启机（重新上电）后，设备又正常工作，通常称这种现象为“死机”。元器件失效、设备故障，有各种情况，但主要表现在机车信号主机电源故障上。机车信号设备的电源取自机车直流控制电源系统，电源输出电压为 50 V 或 110 V，而机车信号主机使用的主要芯片上电压为 5 V，因此需要电源转化，目前普遍采用的是开关电源。

分析开关电源故障和出现“死机”现象的原因，除了设备本身电路、器件的缺陷外，主要是电磁干扰造成的。电磁干扰的方式有传导干扰、祸合干扰、辐射干扰。开关电源故障主要是通过电源线直接侵入的传导干扰引起的；而引起“死机”的情况则比较复杂。机车信号设备的电源是机车信号设备正常工作的基础。《铁路技术管理规程》规定直流输出电压为 50 V 时，电压波动范围为±10%；直流输出电压 110 V 时，电压波动范围为±20%～±5%。而列车在实际运行中，机车信号的电源有时远远超出了规定的范围，这也是造成“死机”的一个因素。

3. 机车信号主体化实现的途径和基础工作

1）机车信号主体化实现的途径

机车信号要作为主体信号，在自动闭塞设计中就必须把轨道电路和机车信号摆到同样重要地位去考虑，而不能只考虑轨道电路却不考虑机车信号，或者先考虑轨道电路后考虑机车信号。例如，机车信号的邻线干扰问题与轨道电路入口端最小短路电流、出口端的最大短路电流密切相关。轨道电路入口端最小短路电流决定了机车信号的接收灵敏度，机车信号邻线干扰的最大电流与轨道电路出口端的最大短路电流有关，一旦邻线干扰的电流超过了机车信号的接收灵敏度，机车信号将产生邻线干扰。而轨道电路一旦这样设计了，靠机车信号设备自身难以解决该问题。

机车信号要作为主体信号，必须具有高可靠性，必须采用冗余结构，或双机热备，或三取二。一旦一机出现故障，设备必须给出告警信息，以便在一个机车交路后及时更换，使机车信号经常处于冗余的工作状态。设备的可靠性是与设备的工作环境密切相关的，设计机车信号时必须充分考虑它的工作环境，特别是要进行抗电磁干扰设计和热设计。机车信号要作为主体信号，工厂生产这一环节不可忽视，设备的可靠性与生产密切相关。在机车信号生产中，采用防静电损伤措施是十分必要的。

机车信号要作为主体信号，在车站联锁设备施工完毕后，应该同进行联锁试验一样，必须对站内电码化进行试验；在区间自动闭塞设备施工完毕后，在自动闭塞的开通检查试验的同时，要进行严格的联锁试验，即检查信号点在各种点灯情况下，轨道电路发送的信息和下一信号点点灯情况，防止出现机车信号信息与地面信号不一致的错误。

机车信号要作为主体信号，在使用中必须作好维护工作。应用计算机技术的机车信号设备普遍采用故障维修的方式。因此，必须严格执行机车信号出入库检查的制度，保证机车信号经常工作在冗余方式的状态。除了严格执行通过试验车对轨道电路信息特征进行检查外，还应该进一步完善包括站内电码化在内的所有机车信号信息特征的定期检查制度。

2）实现机车信号主体化的基础工作

要解决前面提到的问题，实现机车信号主体化，还应做如下一些基础工作。

（1）对一些问题应该进行深入的理论分析和试验验证。例如，机车信号邻线干扰的理论分析和试验验证。至今很少有关于机车信号邻线干扰的定量分析，因此在系统设计时很难对机车信号邻线干扰进行定量分析，于是给机车信号留下了邻线干扰的隐患。机车上强电设备产生的强烈的电磁噪声对机车信号设备的干扰，更有待于我们进行理论分析和试验验证。

（2）扎扎实实做好可靠性分析工作，对机车信号出现的每一次闪灯现象和设备出现的每一次设备故障进行认真的分析，找出故障的原因，根据故障统计的数据，找出系统和设备的薄弱环节，加以解决，以提高机车信号的稳定性和可靠性。

上述工作可以先在某一种自动闭塞制式的某一区段及运行在该区段上的某机务段的机车进行试点。要有设计、研制、生产、运用及维护的人员参加试点工作。

机车信号从辅助信号上升为主体信号，机车信号在列车运行中的地位发生了本质的变化。实现机车信号主体化的过程，就是不断提高机车信号的稳定性和可靠性的，从量变逐渐到质变的过程。机车信号稳定性和可靠性的提高，必须从地面信号和车载信号设备整个系统考虑；必须从设计、生产、施工、使用、维护全过程考虑。分析影响机车信号稳定性和可靠性的因素，寻找解决问题的途径，最终实现机车信号主体化的目标。

九、影响我国机车信号主体化的一些因素

目前，我国在铁路机车信号的使用上已经有了很大程度的改善，但是从新型机车信号使用的覆盖率以及安全可靠性等方面来看还不能完全满足铁路发展的需要。大力推进机车信号主体化进程是铁路机车信号未来发展的方向。但是，目前还存在许多影响我国机车信号主体化的实现的因素。

（1）车站股道尚未全部电码化，即使车站有轨道电路，其作用多数是为检查列车的存在，而不是为机车信号设置，此种情况在岔区也常发生。

（2）同一制式轨道电路其低频信息含义不同，造成通用式机车信号难以“通用”。例如，在铁路不同区段应用的 UM-71 制式中共有 10 种不同含义，这些不同含义一方面达不到通用译码，只能靠手动区分，有悖于“主体化”原则。另一方面，一旦发生人为转换不及时，后果难以想象。

（3）同一制式轨道电路，在不同地区应用不同类型的轨道发码、接收设备。如某些地区应用的交流计数制，不仅有 25 Hz、50 Hz 和 75 Hz 三种载频，而且码型的时间参数也有差异，

这对实现通用化非常困难。

（4）异常干扰现象。在某些地区发生过接近交流计数式的无码地区出现有码现象，说明这种制式的信息特征极易混入干扰信号。

（5）机车信号感应器安装不规范引发机车信号“闪白灯”。当感应线圈安装高度等不正确，或感应器信号线没有使用屏蔽线时，都会导致干扰信号进入人机车信号内引起“闪白灯”。机车感应线圈制造厂很多，因设备质量引发的问题也不少。

（6）国产的移频制式轨道电路在电化与非电化两类地区的参数有差异，这使得长交路机车难以适从。

（7）轨道电路制式中存在着同频干扰和带内干扰问题，在国产移频中尤为突出。车站相邻的轨道电路中可能混入造成发生危险的信息干扰，特别是同方向主线与侧线之间危险性更大。

（8）邻线干扰。在相邻线路的轨道电路之间存在着相互干扰的现象，在一些特殊情况下，本线上的运行机车信号能收到邻线轨道电路发送的信息。这种现象称为机车信号邻线干扰。

（9）机车信号的二次接收。当一个闭塞分区被列车分路，且后续列车冒进红灯信号进入同一闭塞分区时，如果导致后续列车能够接收到前方列车分路后的残留信号，则称此现象为机车信号的二次接收。后续列车距前方列车的距离称为机车信号的二次接收长度。

（10）质量管理体制、日常维护体制以及维修体制还不完善。

第二节　JT1-CZ2000 型主体化机车信号车载系统

一、JT1-CZ2000 系统概述

JT1-A/B 是辅助信号。速度的提高，需要机车信号上升为主体信号。JT1-CZ2000 型机车信号系统，总结、吸取了 JT1-A/B 型通用式机车信号经验，进一步规范了机车信号系统车载设备的安装、接口、规格、使用操作等。一体化 JT1-CZ2000 机车信号车载系统由北京交大研制出来。

二、JT1-CZ2000 系统组成

JT1-CZ2000 系统由车载设备和地面设备构成。

车载设备主要包括主机、双路接收线圈、机车信号机、无线远程监测设备及系统连接电缆等部分。

地面设备主要包括 UM 系列轨道电路和站内轨道电路电码化。

（1）单端安装系统，如图 1.5 所示。表 1.1 为单端安装系统设备明细表。

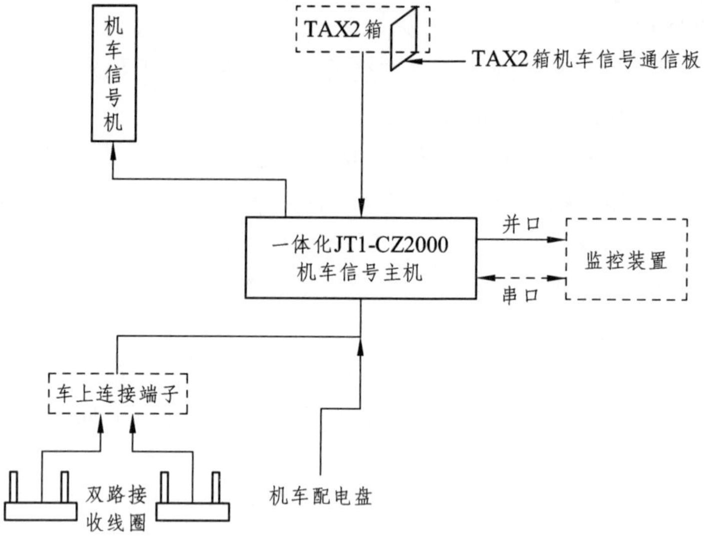

图 1.5 单端安装系统图

表 1.1 单端安装系统设备明细表

设备明细表（单端安装）				
序号	名称	型号	单位	数量
1	主机	JT1・Z	台	2
2	机车信号机	J・XS-8B	各	2
3	接口板	J・BJ-A（窄）	个	1（二选一）
		J・BJ-B（宽）		
4	双路接收线圈	JT1・JS-Ⅱ	个	4
5	双路接收线圈接线盒	JT1・HJ-Ⅱ	个	2
6	接线电缆	JT-C 型接线电缆	套	2

（2）双端安装系统，如图 1.6 所示。表 1.2 为双端安装系统设备明细表。

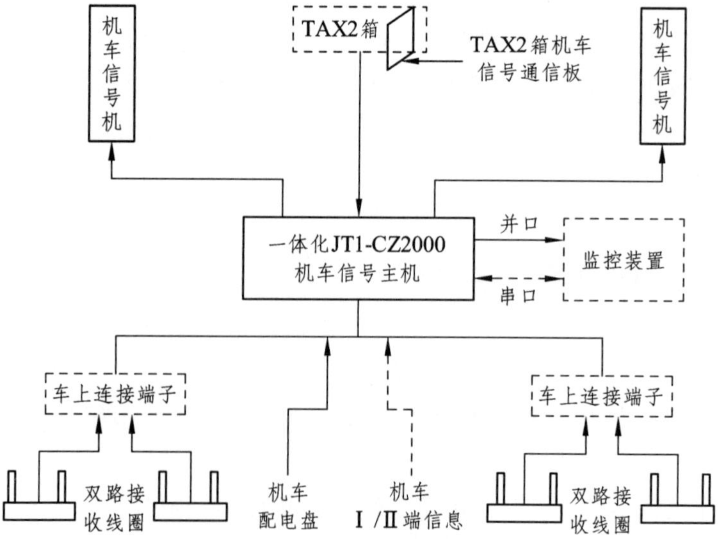

图 1.6 双端安装系统图

表 1.2　双端安装系统设备明细表

设备明细表（双端安装）				
序号	名称	型号	单位	数量
1	主机	JT1·Z	台	1
2	机车信号机	J·XS-8B	各	2
3	接口板	J·BJ-A（窄） J·BJ-B（宽）	个	1（二选一）
4	双路接收线圈	JT1·JS-Ⅱ	个	4
5	双路接收线圈接线盒	JT1·HJ-Ⅱ	个	2
6	接线电缆	JT-C 型接线电缆	套	1

（3）机车信号设备平面布置图，如图 1.7 所示。

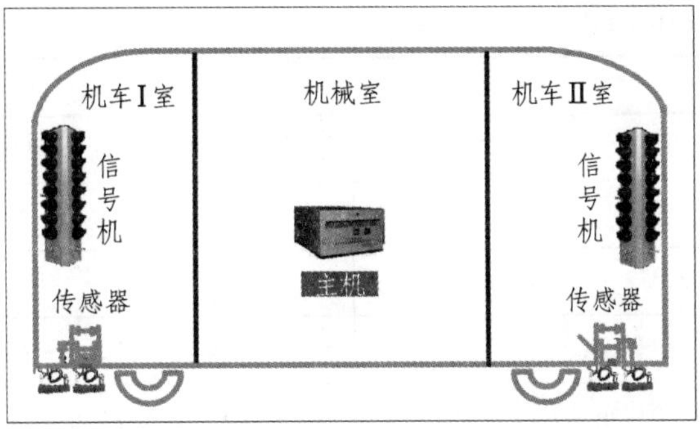

图 1.7　机车信号设备平面布置图

三、主要技术指标

（1）可靠性高。系统采用“二乘二取二”的容错安全结构，主机采用双机热备、双套电源、双感应器等冗余技术，采用了 LED 信号机。

（2）运用范围广。系统能适应的轨道电路制式有：ZPW-2000；UM 系列；国产移频（4、8、18 信息）；交流技术（25 Hz、50 Hz）。

（3）灵敏度高。机车信号灵敏度是指信号设备工作（稳定译码）时的最小的钢轨短路电流值。表 1.3 是常见几种制式下机车信号灵敏度参数表。

（4）信号应变时间短。

机车信号应变时间是指信号设备从钢轨线路接收到新信息开始到给出相应机车信号显示所需的时间。表 1.4 是常见几种制式下机车信号应变时间参数表。

表 1.3 常见几种制式下机车信号灵敏度参数表

ZPW-2000 系列钢轨最小短路电流及机车信号灵敏度					
载频（Hz）		1 700	2 000	2 300	2 600
钢轨最小短路电流（mA）		500	500	500	500
机车信号灵敏度	钢轨短路电流值（mA）	310±31	275±28	255±26	235±24
	感应电压值（±10% mV）	100	100	100	100

移频钢轨最小短路电流及机车信号灵敏度值（电气化区段）					
载频（Hz）		550	650	750	850
钢轨最小短路电流（mA）		150	120	92	66
机车信号灵敏度	钢轨短路电流值（mA）	113±11	90±9	69±7	50±5
	感应电压值（±10% mV）	15.9	14.6	12.4	10.0

移频钢轨最小短路电流及机车信号灵敏度值（非电气化区段）					
载频（Hz）		550	650	750	850
钢轨最小短路电流（mA）		50	40	33	27
机车信号灵敏度	钢轨短路电流值（mA）	40±4	32±4	26±3	22±3
	感应电压值（±10% mV）	5.6	5.1	4.7	4.5

交流计数钢轨最小短路电流及机车信号灵敏度值			
信号频率（Hz）		25	50
机车信号灵敏度	短路电流值 A（连续电流值）	1.05 A±0.1 A	0.75 A±0.15 A
	感应电压值 mV（连续电压值）	6.4 ~ 11.3	7.8 ~ 13.5

表 1.4 常见几种制式下机车信号应变时间参数表

ZPW-2000（UM 系列）系列应变时间表									
低频信息(Hz)	10.3	11.4	12.5	13.6	14.7	15.8	16.9	18	19.1
应变时间（s）	2.0	2.0	1.9	1.7	1.6	1.5	1.4	1.3	1.2
低频信息(Hz)	20.2	21.3	22.4	23.5	24.6	26.8	29	有信息到无信息	
应变时间（s）	1.2	1.2	1.0	1.0	1.0	0.9	0.8	4	

（5）抗电化干扰强。在钢轨回流为 1 000 A，不平衡系数为 10%电化区段，设备应能正常译码。

（6）具有载频切换与锁闭功能。
（7）系统具有数据记录功能。
（8）车载锁闭具有良好的可测试性。

四、机车信号主机

1. 结构特征

机车信号主机结构如图 1.8、1.9 所示。

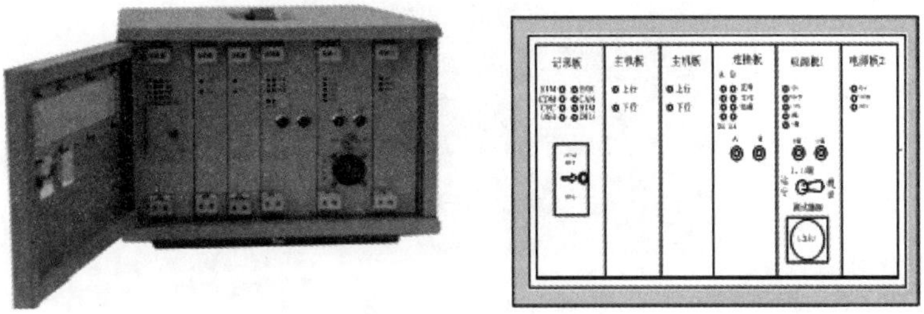

图 1.8　结构特征（正面）

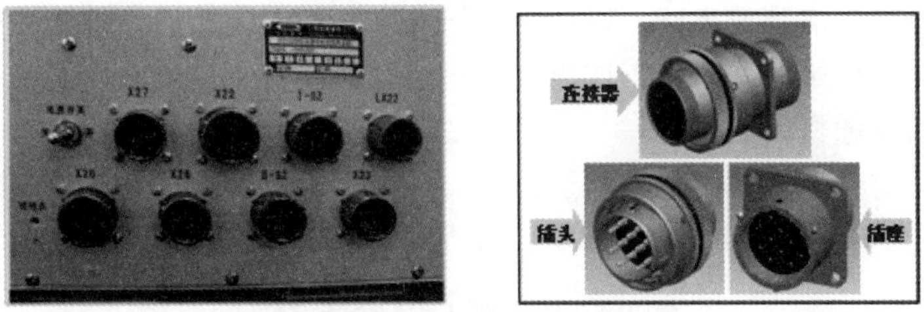

图 1.9　结构特征（背面）

2. 组成

如图 1.8，自左至右分别为记录板、主机板 A、主机板 B、连接板、电源板一、电源板二。

3. 规格型号

机车信号主机的规格及型号如图 1.10 和表 1.5 所示。

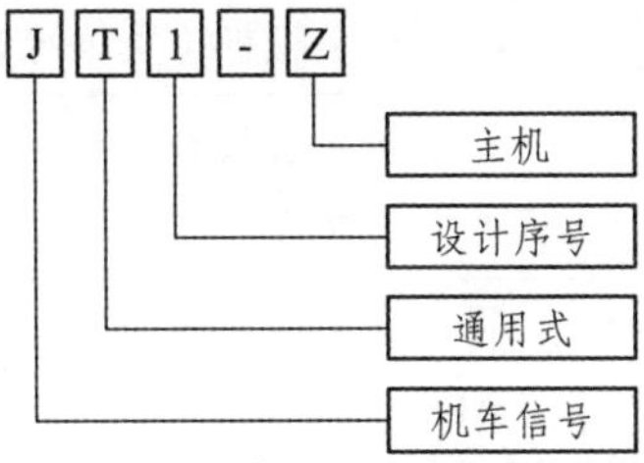

图 1.10　英文型号字母数字的含义

表 1.5 规格及型号

名称	型号	外形尺寸 mm	重量 kg	颜色
机车信号主机	JT1·Z	335×282×221	约 10	驼色

4. 主机板

主机板是主机的核心部件，负责实现对接收到的地面轨道电路信息进行处理的功能，并完成向后级设备的并口和串口输出控制，如图 1.11 所示。

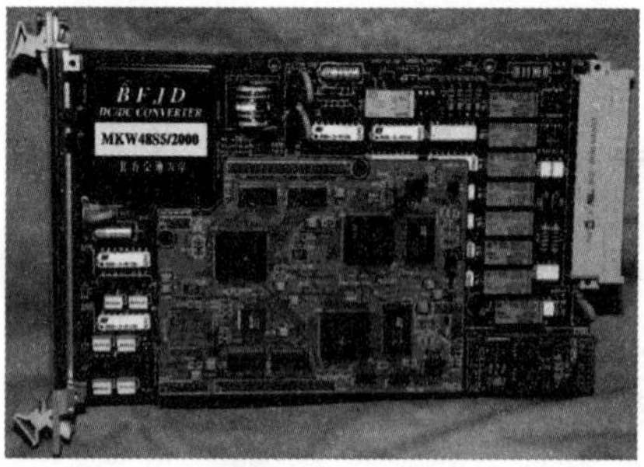

图 1.11 主机板

主机板采用“2×2 取 2”故障安全结构。

主机板采用底板上插 CPU 板的形式，方便软件升级、故障定位。

信号输入部分采用隔离放大器，以减少传统分立元件的离散性，并提高可靠性。

两块主机板为双机热备冗余。工作机故障时自动切换到备用机。上电时，A 机或 B 机哪一部成为工作主机是随机的。

主机板面板上有 2 个 LED，主机板通电后，可以根据 2 个 LED 是否同时闪烁 1 次来判断 LED 是否正常。工作中它们用来指示本主机板允许接收的载频信息。其位置及含义见表 1.6。

表 1.6 主机板 LED 状态说明

主机板 LED 状态说明	
LED 状态	说明
只有上行 LED 亮	允许接收 ZPW2000 系列的 2 000/2 600 Hz 载频信息或国产移频的 650/850 Hz 载频信息
只有下行 LED 亮	允许接收 ZPW2000 系列的 1 700/2 300 Hz 载频信息或国产移频的 550/750 Hz 载频信息
2 各 LED 为交替闪亮	指示该主机板于上下行载频切换信息搜索状态
2 各 LED 为 1 s 同步瞬间灭 1 次闪亮	指示该主机板检测到接收线圈断线或接受线圈与主机箱之间的电缆断线
2 各 LED 为 1 s 同步瞬间闪亮 1 次	指示该主机板检测到上下行输入同时为高错误或者同时为低错误

5. 电源板

主机中有 2 块电源板，构成热备冗余。电源板如图 1.12 所示。每块电源板提供 50 V 和 50 VD 两种电源，电源板 2 还提供一个 12V 电源。每块电源板的输入电压是 110 V。每块电源板的指示灯及含义如下：

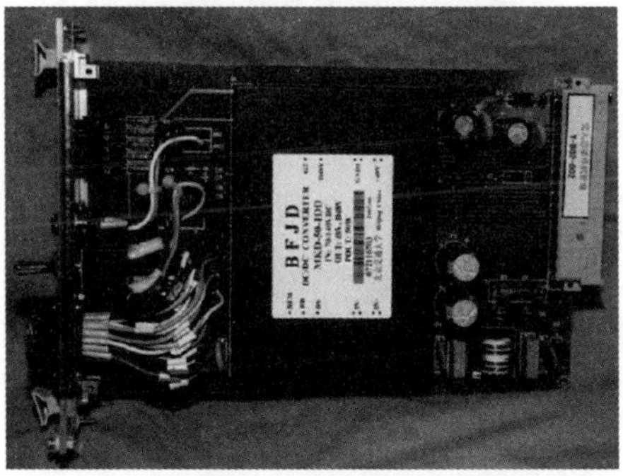

图 1.12　电源板

（1）电源板 1：50 V（主机工作电源）、50 VD（主机 A 动态电源）、110 V（输入电压），正常时三灯均应点亮。

（2）电源板 2：50 V（主机工作电源）、50 VD（主机 B 动态电源）、110 V（输入电压），正常时三灯均应点亮。

（3）Ⅰ、Ⅱ端指示灯：当开关置于“运行”位时，灯位显示与机车信号的转换器方向一致。置于“测试”位时，Ⅰ、Ⅱ端指示灯由Ⅰ、Ⅱ端按钮控制（按下按钮时点亮）。

（4）Ⅰ、Ⅱ端按钮：“测试/运行”开关置于“运行”位时，Ⅰ或Ⅱ端按钮不起作用。“测试/运行”开关置于“测试”位时，按下Ⅰ或Ⅱ端按钮时，相应Ⅰ、Ⅱ端指示灯点亮。

（5）12 V 电源专供无线通信的机车信号远程检测与诊断系统 DTU 用。

（6）50 V 电源供主机用。

（7）50 VD 电源供动态控制安全点灯电路用，具有故障安全特性。

6. 连接板

设有 A/B 正常、工作和电源背示灯，以及上下行背示灯，其意义如下：

（1）A、B 正常指示灯——表示 A、B 主机板自检完成，能正常工作，两灯均点亮。

（2）A、B 电源指示灯——表示 A、B 主机供电电源正常，两灯均应点亮。

（3）A、B 工作指示灯——表示 A、B 主机板是否处于工作状态，灯亮表示为工作输出状态，灯灭表示为热备状态，两个灯只能有一个被点亮。

（4）上下行指示灯——表示对主机的上下行控制状态。

（5）设有 A、B 机切换按钮，人工切换 A 或 B 机为在线工作状态。

所以，连接板的主要功能是实现电源分配、主机状态显示和上下行工作状态监督等。

7. 记录板

记录板如图 1.13 所示。

图 1.13 记录板

记录板设有如图 1.14 所示的 8 个红色表示灯，其意义见表 1.7。

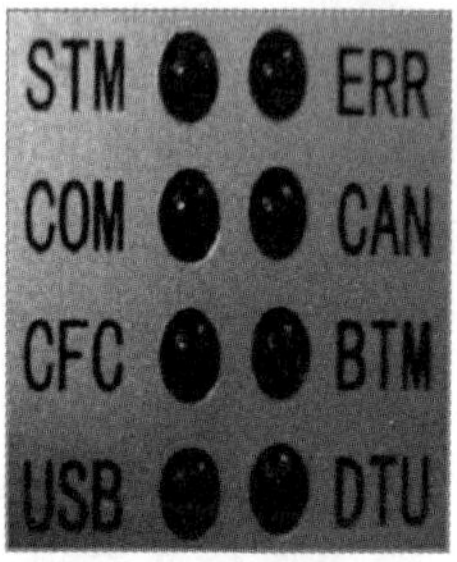

图 1.14 红色表示灯

表 1.7 红色表示灯意义

LED	状态
STM	约 2 s 一闪，表示两块主机板和记录板工作正常；故障时则 1 s 一闪
COM	约 1 s 两闪，表示主机板与记录板的串口通信和 TAX2 箱与记录板的两路串口通信均正常；1 s 内亮短灭长，则主机串口正常，无 TAX2 信息；1 s 内亮长灭短，则 TAX2 信息正常，无主机串口信息
CFC	约 2 s 亮 25 ms，表示没有对 CF 卡进行操作或者向 U 盘转储数据完成；约 1 s 闪 20 次，表示正在读/写 CF 卡；常亮表示 CF 卡故障或无卡
USB	约每 1 s 闪 20 次，表示正在向 U 盘转存数据；约每 2 s 亮 25 ms 表示没有操作；常亮表示转存失败
ERR	灭灯表示设备正常；闪光表示故障
DTU	约 1 s 两闪，表示记录板与 DTU 通信正常；灭灯故障

8. 主要功能

（1）处理、解调和译制轨面上传递的机车信号信息，根据译码结果控制机车信号点灯。

（2）同时将译码结果输出给列车运行监控记录装置或 ATP 设备，作为控车的基本条件。

（3）对机车信号的运行状态、地面信息及监控装置 TAX2 箱输出的列车定位等信息实时记录。

(4) 通过远程监测接口，对机车信号进行动态监测和工作诊断。

9. 工作原理

主机电路主要由主机电路板、连接电路板、母线电路板、记录器电路板、记录器接口电路板、电源电路及八显示控制电路板、模式开关电路板、上下行开关电路板等构成。

主机结构原理如图 1.15 所示。

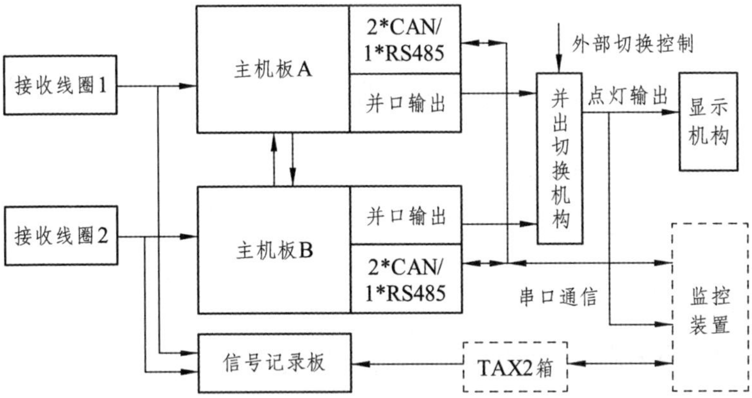

图 1.15 接收主机结构原理框图

2 取 2 工作原理：如图 1.16 所示。

两路独立接收译码通道：同一接收线圈绕组；独立隔离放大器，独立 A/D 转换；独立接收译码处理与输出。

两个 CPU 独立输出控制：译码结果比较；并口输出控制；串行口输出控制。

切换方式：自动和手动。

手动按压主机箱连接板按钮 A/B。任何切换，转换时间不大于 0.5 s。

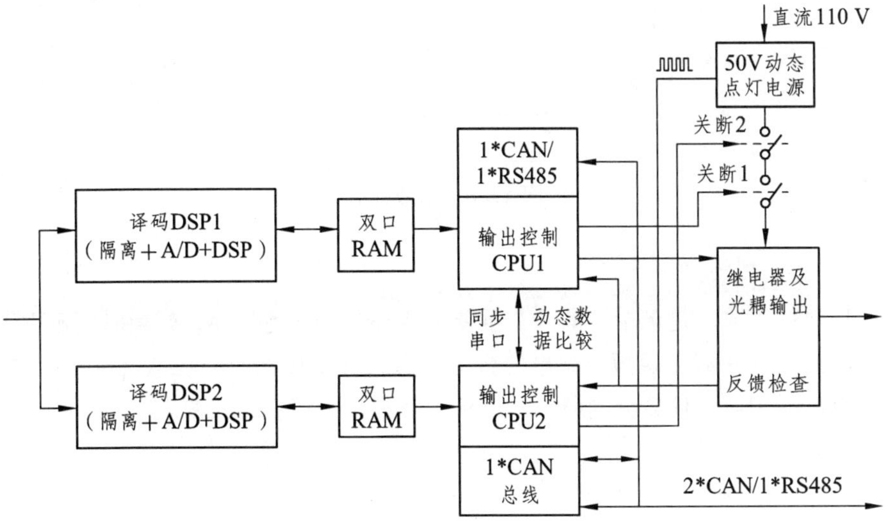

图 1.16 主机板二取二结构框图

五、机车记录器

1. 概述

JT1-CZ2000 与 JT1-A/B 的区别就在于有没有记录器。因此，记录器故障不影响机车信号系统正常工作。记录器是以大容量的 CF 卡作为存储媒介，容量在 256 MB～2 GB 之间，标配是 512 MB。

2. 主要功能

（1）具有全面记录机车信号动态运行数据的功能。
（2）远程监测接口功能。
（3）具有完善的地面分析处理系统。
（4）通过转存能实现系统的回放和再现。

3. 组成

包括车载和地面数据处理两部分。

1）车载部分

车载部分如图 1.17 所示。

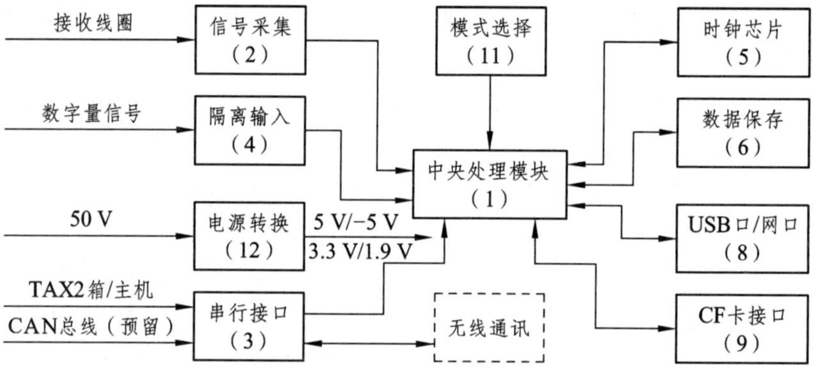

图 1.17　车载部分

2）地面数据处理部分

由硬件和软件组成，是记录器的一个重要组成部分。任何切换，转换时间不大于 0.5 s。

主要功能是转储车载记录板所记录的数据信息，并形成相应的状态信息文件和数据波形文件，同时提供对相应文件数据的显示、分析、查询、统计和打印等。

系统框图如图 1.18 所示。

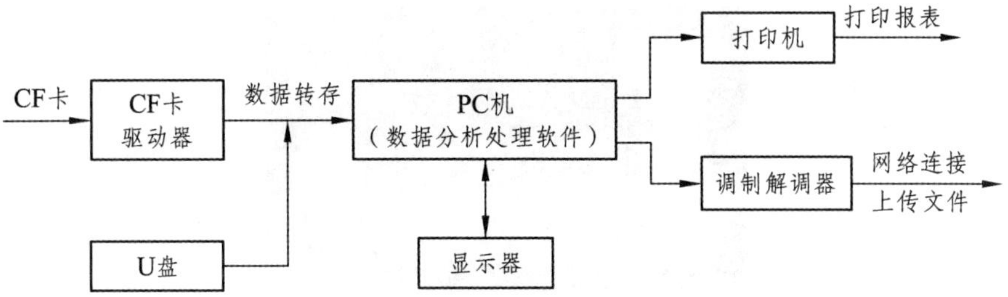

图 1.18　地面数据处理部分系统框图

4. 文件

有四种文件：

JLQ_xxxx.ZTB（状态文件）。

JLQ_xxxx.SSB（实时变化信息文件）。

JLQ_xxxx.IDX（CF 卡索引文件）。

JLQ_xxxx.BXJ（关键波形文件）。

信息记录包括：

（1）接收线圈信号波形。

（2）机车信号条件输入信息：上/下行开关输入、Ⅰ/Ⅱ端条件输入。

（3）机车信号输出信息：灯位显示信息、速度等级信息、制式区分信息、过绝缘节信息、主机内双套工作正常表示及工作状态的信息。

（4）运用环境信息：主机内温度、110 V 电源状态等信息。

（5）辅助信息：来自 TAX2 箱的线路公里标、机车号、时间、信号机号、车站号等信息。

六、接收线圈

接收线圈又称传感器，安装在机车转向架前端，机车排障器后与第一轮对之间，通过与钢轨的电磁耦合接收钢轨上的信号，然后传送给机车信号主机。

接收线圈内部为双路冗余线圈。能确保在任何一路接收线圈断线或因中间连接故障使主机无法接收到地面信号时，另外一路接收线圈仍能保证机车信号主机的正常译码输出，给出准确的信号显示，提高了系统可靠性。

系统中使用的双路接收线圈是 JT1・JS-Ⅱ型。

双路接收线圈可实现车载设备的闭环自动检测。测试时线圈的一路作为测试线圈发送信号，另一线圈接收信号，并控制与接收线圈相连接的主机进行译码接收，从而实现车载设备的闭环测试。这种设计既完成了闭环测试，又省去了测试线圈。

1. 双路接收线圈实物

双路接收线圈如图 1.19 所示。

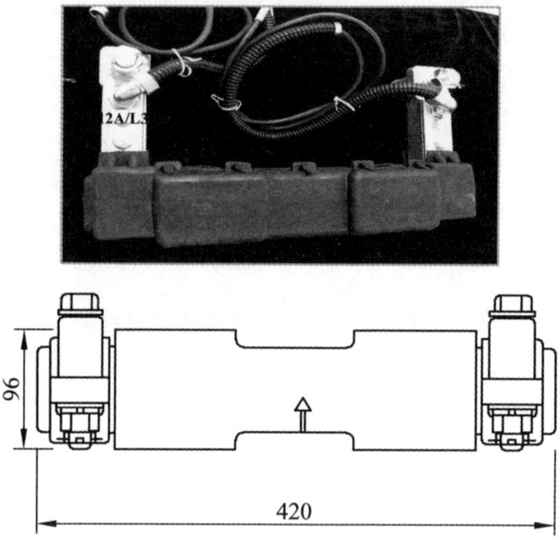

图 1.19 双路接收线圈

2. 内部结构

双路接收线圈内部结构如图 1.20 所示。

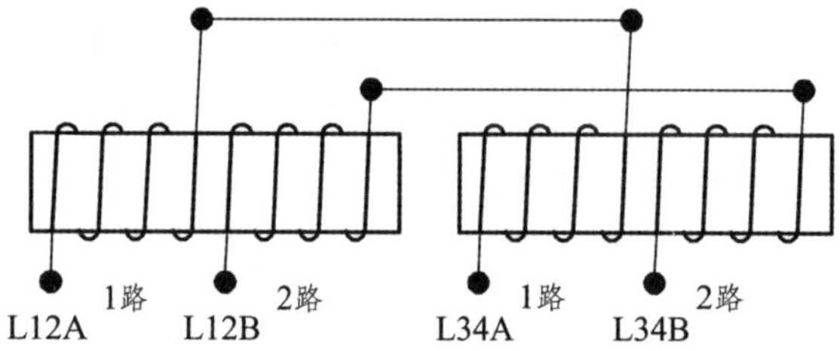

图 1.20 双路接收线圈内部结构图

3. 安装

双路接收线圈安装图如图 1.21 所示。

4. 工作原理

利用电磁耦合原理保持地面信号设备与车载设备之间的信息联系。

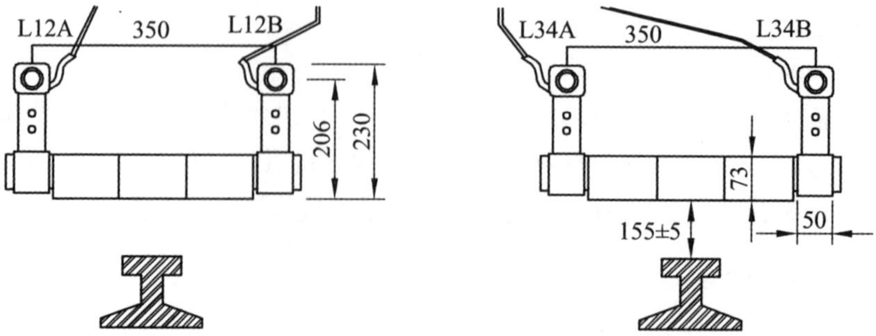

图 1.21 双路接收线圈安装图

七、机车信号机

传统机车信号机使用灯泡作为光源，现场灯泡型号为使用不规范（5 W、6 W、8 W 都有），质量参差不齐，功耗大、可靠性低，灯泡高速条件下振动容易断丝，显示信息种类少等问题影响了机车信号的使用。所以，现在的机车信号机使用 LED 作为光源。专门为机车信号设计的 LED 信号灯可靠性高、功耗低、高速条件下无断丝问题。

1. 种类

分为双面八显示和双面点阵式机车信号机。目前多采用双面八显示，双面八显示机车信号机及显示如图 1.22 所示。

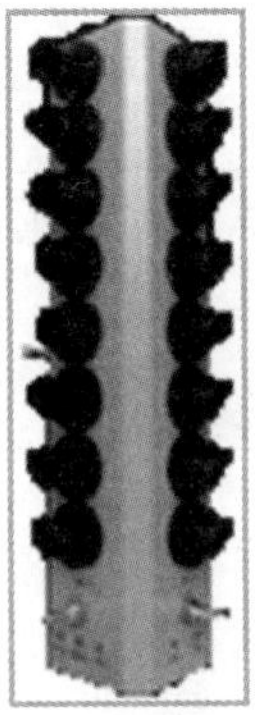

机构(从上到下)	
序号	灯位
1	绿色
2	半绿半黄
3	黄色
4	黄2闪
5	半黄半红
6	双半黄
7	红色
8	白色

图 1.22　双面八显示机车信号机及显示图

2. 双面八显示机车信号机

型号：J.XS-8（J：机车信号，X：显示器，S：双面，8：8 显示）。

结构：8 个灯位，两个开关，三块电路板，两个航空插座。

参数：点灯电压为直流 48 V，功率 6 W。

外形尺寸：宽 100 mm，厚 119 mm，高 466 mm，双面夹角 60°。

8 个灯位，构成 11 种显示。

三块电路板：八显示控制板（BXKZ）、上下行开关控制板（SXXKG）、模式开关板（MSKG）。其中上下行开关控制板设置有 SXKG；CZD、SXBS、XXBS、ZS 各表示灯均为 LED。模式开关板设置有 MSKG；GS、XB、ZS 各表示灯均为 LED。

八、系统连接

系统连接如图 1.23 所示。

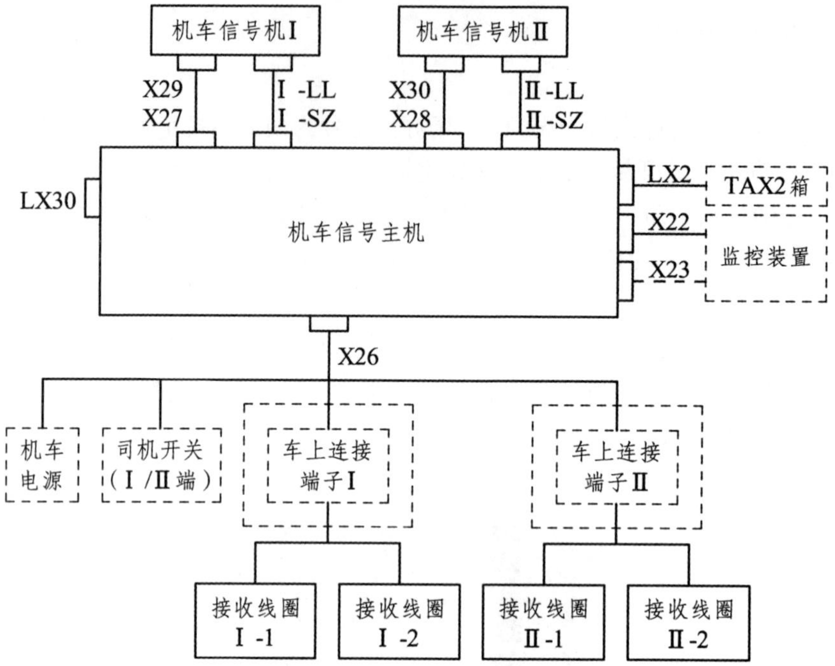

图 1.23　系统连接图

九、系统维护

（1）主要故障现象及原因，如表 1.8 所示。

（2）当系统异常时，维修人员针对故障现象进行分析，也可以通过以下手段对故障进行定位：

① 通过机车信号记录板记录数据并进行一般分析，确定故障类型。

② 利用便携式的机车信号系统测试仪对车载设备进行测试的方法来判断故障在哪部分。

③ 通过人工测试替换设备的办法确定是哪部分出现故障。

（3）维护系统时的注意事项：

① 通过机车信号记录器记录的数据进行一般分析，初步确定故障类型。

② 使用便携式机车信号测试仪对车载设备进行测试，初步判断故障地点。

③ 在室内利用机车信号测试台检查和测试主机是否工作正常。

④ 根据电路图测试接线是否良好，维修电源电流，更换故障元件。

⑤ 用万用表测量线圈电阻，用兆欧表测量线圈绝缘电阻，确定接收线圈是否工作良好。

⑥ 根据机车信号机电路图检查内部电路是否完好，更换电路内部器件。

⑦ 对记录器记录的地面信息波形进行分析。通过对波形幅度、频率及其他参数的分析判断地面轨道电路信息是否正常。

⑧ 用机车信号微机测试台或其他仪器测试机车信号的各项指标。

⑨ 主机内部故障定位：顺序定位主机板、连接板、配线。

⑩ 主机输入电路维修。

⑪ 主机板故障维修，根据故障代码进行分析、处理。

表 1.8　主要故障现象及原因

主要故障现象及原因		
故障现象	车上原因	地面原因
上电后不点灯	电源故障；机车信号机故障；主机故障；电缆或电缆插头故障；点灯线上负载过大	无
某一灯位故障	机车信号机故障；主机故障；电缆或电缆插头故障；输出线上负载过大	无
烧保险	主机故障；电源故障；机车电源故障接地	无
点白灯后不译码	上/下行开关电路故障；前后端切换电路故障；主机故障；电缆或插头故障	地面信号故障
上行或下行某一方向不译码	上/下行开关电路故障；主机故障；某一端接收线圈或线路故障	无
机车接收灵敏度不合格	接收线圈安装位置、参数不对或接线错误；主机故障	无
使用中闪白灯	电缆及插头接触不良；上/下行开关接触不良；前后端切换条件不稳；主机不良；接收线圈安装位置、参数不对；接收线圈电缆屏蔽层没有单点接地	地面信号故障

本章小结

机车信号能自动复示运行前方地面信号机的显示，帮助司机克服天气影响和地形影响，改善司机瞭望条件。

机车信号分为连续式和接近连续式，满足故障—安全原则的要求。

双面八显示机车信号机的颜色自上而下分别为：绿、半绿半黄、黄、黄 2、半黄半红、双半黄、红、白八种。

不论任何机车信号都应满足基本技术条件。

目前广泛使用的 JT1-C 系列机车信号车载设备在解决通用性的同时，又达到主体化的要求，它采用多制式并行接受处理、动态控制安全点灯电源、双路线圈同时接收、系统冗余结构、记录信号原始波形、地面数据处理软件等创新性技术，具有高安全性和高可靠性。

JT1-C 系列机车信号车载设备结构由机车信号主机、机车信号机、双路接收线圈等组成。

JT1-CZ2000 型主体化机车信号，采用双机热备的工作方式，具有全面记录机车信号动态运行数据的功能。

机车信号从辅助信号上升为主体信号，机车信号在列车运行中的地位发生了本质的变化。实现机车信号主体化的过程，就是不断提高机车信号的稳定性和可靠性的过程，从量变逐渐到质变的过程。

复习思考题

1. 什么是机车信号？机车信号的分类有哪些？
2. 机车信号的基本技术条件有哪些？
3. 说明在四显示自动闭塞区段双面八显示机车信号机的显示意义。
4. 说明 JT1-CZ2000 型机车信号的组成及各部分的作用。
5. 说明 JT1-CZ2000 型机车信号的工作原理。
6. 了解 JT1-CZ2000 型机车信号的安装与维护。

第二章　LKJ2000 型列车运行监控记录装置

【本章要点】

LKJ2000 列车运行监控系统，是以保障列车运行安全为主要目的的列车速度控制装置。该装置在实现安全速度控制的同时，采集记录与列车安全运行有关的各种机车运行状态信息，促进了机车运行管理的自动化。

监控装置系统由车载设备和地面设备系统组成。其中车载设备包括一个主机箱、两个显示器、事故状态记录器（选件）、速度传感器、压力传感器以及双针速度表等组成。监控装置主机采用双机主从热备冗余的工作方式。

监控装置的执行措施是：当出现超速、倒溜的现象及运行速度有可能使列车越过关闭的地面信号机时，先发出报警、卸载命令，提醒乘务员减速或通过卸载切除机车动力，而后启动常用制动或紧急制动装置，使列车减速甚至停车。

监控装置的两大功能是：速度监控功能和运行数据记录功能。同时它还具有其他一些辅助功能，如屏幕显示功能、语音提示功能、设备自动检测和人工检测功能、对 ZTL 自停装置的控制功能、运行数据处理系统功能等等。

LKJ2000 型监控装置系统的操作可分为乘务人员的操作和地面人员的操作，而乘务人员的操作主要包括基本操作、途中运行操作及特殊情况下的操作。

列车运行监控记录装置简称监控装置或运记，俗称“黑匣子”。它将计算机控制技术应用在机车上，是以保障列车运行安全为主要目的的列车速度控制装置。该装置在实现安全速度控制的同时，采集记录与列车安全运行有关的各种机车运行状态信息，有力地促进了机车运行管理的现代化。

20 世纪 80 年代初期，为了减少列车冲突和追尾事故，技术人员研发并在机车上安装使用了“自动停车装置”（简称“自停装置”）。但是它的功能较为单一，主要有警示和自动停车功能。当装置采集到运行前方地面信号为停车信号时，会发出连续报警声，提醒机车乘务员确认信号，如在 7 s 内不按压警惕按钮解除警报，机车将会自动施行紧急停车，有效地防止了列车冒进、冒出情况的发生。不过该种装置的局限在于：只有当列车运行前方地面信号（或机车信号）为停车信号或白灯无码时，才会引发报警甚至自停装置动作；一旦司机按压警惕按钮，即解除了自动停车功能，使它不能在红灯前连续地起作用，仍然存在着冒进信号的可能；同时它不具备防超速功能，更不具备数据存储和记忆功能，事故发生后，无法判定行车事故责任及进行事故分析。因此，自动停车装置只是起到了一定的安全防护及保障功能。为了有效地控制列车运行，减少因列车冒进、超速行驶引起的事故，必须加速研制列车运行超速防护装置。

列车运行监控记录装置的发展源于 20 世纪 80 年代末，随着铁路运输发展对安全生产提出的更高要求，以及更为客观地对行车事故责任进行判定，原郑州铁路局江岸机务段曾经构思过能否用微机技术实现对列车运行情况进行记录，这一构思得到了铁道部有关部门及一些高等院校的重视，并于 1986 年研发出样机——机车运行记录器（简称运记），开始在江岸机务段和郑州机务段的机车上安装试运行。

伴随着计算机技术的不断进步、轨道电路发码化的实现和在实践中的不断摸索完善，终于在 1989 年有了成型产品 JK-Ⅰ型列车运行监控记录装置。同之后陆续开发的 JK-Ⅱ型、JK-2H 型、LKJ-93、LKJ-93H 型及 LKJ2000 型监控装置一起，利用计算机技术，采用车载数据方式，将线路数据、允许速度及各类信号机、车站坐标预先存储在监控装置数据芯片中。当列车运行，根据机车实际坐标位置调用存储在数据芯片中的数据，同时采集列车运行前方信号机显示状态、列车实际运行速度的数据，实时计算出列车安全制动距离，采用计算机智能处理达到对列车运行速度进行安全监控的目的。

目前我国铁路普遍使用的是 LKJ2000 型监控装置，由株洲电力机车研究所、河南思维自动化设备有限公司生产。LKJ2000 型监控装置吸取了 JK-2H 型与 LKJ-93 型监控装置的成熟技术经验，在技术等级、功能、性能和可靠性等方面都有了较大程度的提高，并且在功能扩展性和与各项发展中的技术设备的接口配合方面做了适应设计，是监控装置的新一代设备。与 JK-2H 型及 LKJ-93 型装置相比，LKJ2000 型监控装置的技术性能具有明显优势。LKJ2000 型监控装置在机车上的位置如图 2.1 所示，图 2.2 为 LKJ2000 型和 LKJ-93 型监控装置。

图 2.1　LKJ2000 型监控装置在机车上的位置

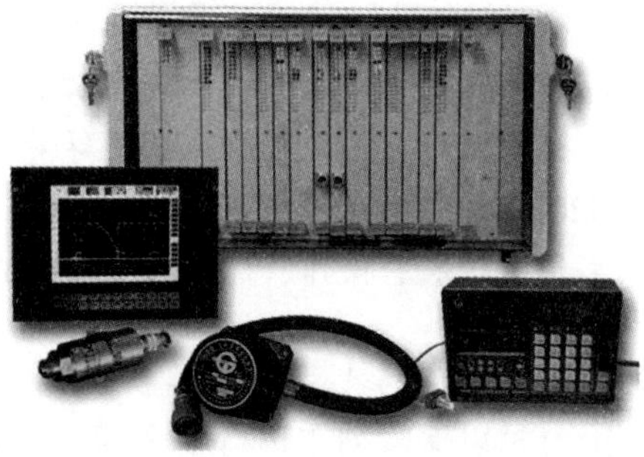

图 2.2　LKJ2000 型和 LKJ-93 型监控装置

第一节　LKJ2000 型监控装置的特性和功能

一、LKJ2000 型监控装置的特性

（一）特　点

1. 车载存储线路参数

LKJ2000 型监控装置继承了各型号监控装置获取线路参数的成熟技术，将列车运行全部

线路设施资料预先存储于主机中，不用在地面增加附属设备。

2. 采用连续平滑速度模式曲线控制

将线路固定限速、闭塞指令限速等各种控制要求的控制值，沿运行里程形成连续平滑速度模式曲线，最大限度地适应司机正常人工操纵和运行效率的提高，提高了控制精度。连续平滑曲线控制模式符合当今国际选择 ATP 控制方式的发展方向。

3. 实时计算取得速度控制值

每一个速度控制值，均针对限速目标按经验证已成熟的数学模型进行计算取得。采用了先进的 32 位 CPU 作为系统主机，和前代装置相比，具有更高的运行速度、控制精度和更强的数据处理能力。实时计算中考虑了列车设备类别和状况、线路参数、特殊控制要求等随机变化因素，最大限度地使控制符合运行实际。

4. 装置主要控制过程全部利用计算机实现

如今全国铁路采用统一的硬件和统一的基本控制软件，对于各运行区域的不同线路条件和不同行车要求的问题，通过写入不同的线路资料和控制条件予以适应。因此适应性强，便于规范管理。

5. 提高可靠性设计

为了提高工作可靠性，系统采用模块级双机主从热备冗余的设计方式，系统主机由 A、B 两组完全独立的控制单元组成。双机中两个单元互为热备，两个单元同时工作，一个处于主机工作状态，另一个处于备机工作状态，一旦主机单元的任何一块插件或插件上的任何一通道发生故障时，备机单元的相应插件或相应通道将马上投入工作（电源插件和监控记录插件除外）。当主机单元的监控记录插件或电源插件发生故障时，备机单元将马上转为主机工作状态，故障单元将自动退出主机工作状态。监控记录插件的 1B 灯点亮，表示其正处于主机工作状态。

6. 提高安全性设计

在故障安全措施的设计方面较以前的设备有了很大的加强。在双机数据处理方面，在速度信号故障、轨道绝缘节识别故障、通信故障等的检测、判断和处理方面均进行了专门设计。

7. 采用了图形化屏幕显示器

LKJ2000 型监控装置采用 TFT 高亮度彩色液晶显示器，列车运行中的各项信息采用动态图形的方式显示，如运行前方线路弯道、坡道、桥梁、隧道、道岔以及信号机布置情况，限制速度曲线、操纵指导曲线、列车实际运行曲线，接触网分相绝缘地点、车站站名等一目了然，直观清晰。

（二）适用范围

装置适用于装有移频、交流计数、极频或双频点式机车信号和电动紧急放风阀，运用于自动或半自动闭塞区段的各机型的内燃、电力机车上。

（三）环境条件

（1）海拔不超过 2 500 m。
（2）最高气温 45 °C 以下。
（3）适应于机车的垂向、纵向和横向小于 50 Hz 的正弦振动，振动加速度不大于 10 m/s^2。
（4）输入电压范围：DC 77 V～137 V。

（四）主要技术指标

主 CPU:	MC68332
监控程序存储器容量:	1 MB 字节
地面数据存储器容量:	1 MB 字节
记录数据存储器容量:	2 MB 字节
IC 卡容量:	512 KB 字节
转储器容量:	8 MB 字节
事故状态记录器记录容量:	约事故前 30 min
记录密度:	每 5 m 记录一次
机车信号输入通道:	16 路（50 V）
机车工况输入通道:	8 路（110 V）
控制继电器输出通道:	8 路（每路触头容量 110 V，0.5 A）
模拟量输入通道:	8 路（A/D 转换分辨率：12 位）
频率量输入通道:	4 路
彩色显示屏:	10 英寸 TFT 高亮度液晶屏
CAN 通信速率:	300 kbit/s
同步通信速率:	1 Mbit/s
测速误差:	≤1 km/h（V≤250 km/h）
主机箱外形尺寸（mm）:	534（宽）×300（深）×335（高）

二、LKJ2000 型监控装置的功能

监控装置具备的两大功能是：速度监控功能和运行数据记录功能。同时它还具有其他一些辅助功能，如屏幕显示功能、语音提示功能、设备自动检测和人工检测功能、对 ZTL 自停装置的控制功能、运行数据处理系统功能等。它体现了“监控功能第一、记录功能第二；防止事故第一、记录分析事故第二”的原则。

（一）监控功能

1. 防止列车越过关闭的地面信号机

当前方信号机关闭时，机车信号和监控装置屏幕左上方会显示红黄灯，并伴随有红黄灯停车的语音提示，提醒司机减速停车。如果司机误操作越过关闭的信号机时，监控装置会紧

急停车。

这一功能有效地避免了因司机误操作而引发的事故，从而有效地保护了下一区间。

2. 防止列车超过线路（或道岔）允许速度以及机车、车辆允许的构造速度

司机上车时会把交路揭示从 IC 卡中转存到监控装置中，监控装置会自动生成各区段线路的限制速度要求，这些速度要求都是经过计算来测定、通过实践来验证，对行车安全有保障的速度。如果司机仅凭经验和主观臆测来操纵机车，不利于列车的安全正点到达；如果超速，列车会卸载放风制动，从而保护列车远离安全事故。

3. 防止机车以高于规定的限制速度进行调车作业

调车作业通常在大型的编组场或者车站内进行，轨道、道岔作业人员密集。“技规”也规定调车作业速度不能超过 40 km/h，如果没有监控装置这最后一道屏障，列车和人员安全很难得到保障。

4. 在列车停车情况下，防止列车溜逸

当列车坡停时，如果没有实施有效制动，当调速手柄在 0 位，机车向前或者向后有位移时，监控装置会提醒司机做好防溜工作。如果没有在规定的时间完成防溜工作，机车将自动启动紧急制动。这也是装置自动设定程序，在司机误操作或离开机车时出于对列车安全的考虑采取的措施。

5. 可按列车运行揭示要求控制列车不超过临时限速

略。

（二）记录功能

1. 开/关机时相关参数记录

略。

2. 乘务员输入参数（或 IC 卡输入）记录

略。

3. 运行参数记录

记录项目有：时间；线路公里标；距前方信号机距离：前方信号机种类及编号；机车信号显示状态（绿、绿/黄、黄、黄 2、红/黄、双黄、红、白等）；地面传输信息；实际运行速度；限制速度；列车管压力、机车制动缸压力；机车工况（牵引/制动，零位，运行方向前/后）；柴油机转速、原边牵引电流；装置控制指令输出状况（卸载、常用制动、紧急制动、允许缓解等）；装置报警；司机操作装置状况（开车、调车、解锁、警惕键、坐标调整、IC 卡操作、事件打点记录等）；装置异常状况；平面调车灯显装置信息变化。

4. 事故状态记录

机车走行距离每达到 5 m 就会将上述“运行参数记录项目”内容记录一次。

5. 记录条件

(1) 运行记录

当满足下列条件之一时，就会产生一次参数记录：

① 实际速度变化 2 km/h。

② 限制速度变化 2 km/h。

③ 列车管压力或机车制动缸压力变化 20 kPa。

④ 柴油机转速变化 100 r/min。

⑤ 机车信号显示及平面调车灯显信息变化。

⑥ 机车工况变化。

⑦ 机车过闭塞分区（轨道绝缘节）。

⑧ 装置控制指令输出。

⑨ 司机操作装置。

⑩ 装置报警或装置异常。

(2) 运行事故状态记录

机车走行距离达到 5 m 就会将上述“运行参数记录项目”内容记录一次。

（三）显示功能

显示运行前方地面信号机的种类和编号、显示列车距前方地面信号机的距离、显示控制速度值和列车实际运行速度值、显示运行线路状况、显示机车优化操纵曲线、其他运行参数及设备状态的显示等，如图 2.3 所示（图 2.3 见附录彩页）。

1. 数据窗口

数据窗口位于屏幕最上方，从左至右依次为：机车信号灯、速度等级、当前速度、限速、距前方信号机距离、当前信号机编号、当前信号机类型、公里标、日期和时间。具体为：

① 机车信号灯显示窗口：显示机车当前接收的信号状态：如绿 3、绿 2、绿灯、绿黄灯、黄灯、红灯、红/黄灯、双黄灯、黄 2 灯、白灯、黄闪黄、红黄闪、黄 2 闪等。

② 速度等级显示窗口：从上至下有 LC、SD3、SD2、SD1 四种速度等级，SD1、SD2、SD3 组合成不同的速度等级显示。

③ 当前速度窗口：显示机车当前的实际运行速度（绿色数字）。

④ 限制速度窗口：显示机车当前的允许运行速度（红色数字）。

⑤ 距前方信号机距离窗口：显示列车距前方信号机的距离（黄色数字）。

⑥ 信号机类型窗口：显示前方信号机的编号和信号机的种类。

⑦ 公里标窗口：显示机车当前所在的工务里程标。

⑧ 日期和时间窗口：显示当前的系统日期及时间。

2. 状态窗口

位于屏幕右边，指示系统状态，自上到下依次为

① 故障：系统与所有单元通讯中断时，此灯点亮。

② 降级：装置处于降级工作状态时，此灯点亮。

③ 紧急：装置发出紧急制动指令时，此灯点亮，停车后灯灭。

④ 常用：装置发出常用制动指令时，此灯点亮，缓解操作成功后灯灭。

⑤ 卸载：装置发出卸载动作指令时，此灯点亮，满足加载条件后灯灭。

⑥ 解锁：解除停车控制成功后，此灯点亮，4 s 后自动熄灭。

⑦ 开车：列车运行参数有效设定完毕后灯亮，按压【开车】键响应后灯灭。

⑧ 调车：处于“调车”状态时灯亮，退出“调车”状态时灯灭。

⑨ 有权：显示“有权”时本端显示器有操作权，显示“无权”时本端显示器无操作权。

⑩ 客货/巡检：设定完毕后显示当前的客货状态，显示“客本”时，装置处于客车本务状态。显示“货本”时，装置处于货车本务状态；显示“客补”时，装置处于客车非本务状态；显示“货补”时，装置处于货车非本务状态。按压【巡检】按钮后“巡检”显示 4 秒钟。

⑪ IC 卡：正确插入 IC 卡后，此灯点亮，无卡或插卡无效时灯灭。

⑫ A 机/B 机：显示“A 机”表示 A 机为当前工作机，显示“B 机”表示 B 机为当前工作机。

⑬ 侧线：允许输入侧线股道号时，此灯亮，输入完毕后显示输入的股道号码。

⑭ 支线：允许输入支线号时，此灯亮，输入完毕后显示输入的支线号。

⑮ 入段：按压【出入库】键，该位置灯点亮后再次按压【出入库】键，该位置灯熄灭。

3. 屏幕中间窗口：显示图形和曲线

显示屏中间的窗口正常情况下横向显示 5 公里长的线路数据，以机车前端位置将窗口分为左右两部分，左侧显示 1 km 长线路的列车实际运行轨迹，右侧显示 4 km 长线路的列车运行前方线路数据。此窗口显示内容主要为：列车实际运行速度线、限制速度线、优化操纵线、信号机位置、道岔位置、站中心位置、线路基本数据及站名等。

① 实际运行速度线：以绿色线条显示当前的机车运行速度和实际走行的速度轨迹。

② 限制速度线：以红色线条显示实际限制速度轨迹和列车运行前方 4 km 以内的线路限速曲线。

③ 信号机位置、编号、信号机的状态：以坐标的方式显示前方 4 km 以内的信号机位置，信号机的编号，当前信号机的显示状态。

④ 站中心及站名：以白色垂直线条显示车站中心位置，并用汉字标注车站名称。

⑤ 机车位置：以红色（客车）或灰白色（货车）矩形表示列车图标，图标的横向长度与输入的列车长度成正比，距显示屏左侧 1 km 处的黄色垂直线条为机车前端位置，以黄色垂直线条处向左延伸。

⑥ 道岔：以白色线条表示进站第 1 组和出站最后 1 组道岔坐标位置，线条上部用“＜”表示进站道岔，用“＞”表示出站道岔。

⑦ 线路纵断面、线路曲线、道桥隧：在显示屏下方 3 个 5 km 长的长条窗口显示线路纵断面、线路曲线和道口、桥梁、隧道的情况（道口、桥梁、隧道合用一个长条窗口）。

⑧ 里程标：在显示屏的最下方显示信号机的里程标。

⑨ 优化操纵曲线的显示：按线路纵断面变化情况，预置优化操纵曲线，指导乘务员合理操纵机车。

（四）语音提示功能

当实际运行速度接近控制速度、机车信号显示状态变化、列车运行前方有分相绝缘、接近联控呼唤地点等情况时，监控装置将进行语音提示。

① 无权端显示器固定不发音。

② 电力机车：客运列车，当机车距实际的分相点 1 500 m 和 500 m 时，均会提示“禁止双弓”；货运列车，当机车距实际的分相点 1 000 m 和 500 m 时，均会提示“禁止双弓”。

③ 调车每次动车固定提示“请注意调车信号”。

④ 车机联控方式：地面数据中增加了车机联控语音的按语音提示进行“车机联控”的提示。否则根据距预告信号机的距离进行车机联控：对于半自动闭塞区段，客车距预告信号机距离≤2 000 m 时提示“车机联控”，货车距预告信号机距离≤1 200 m 时提示“车机联控”；自动闭塞区段的车机联控为进入预告分区。

⑤ 区段限速语音提示距离：客车语音提示距离固定为 3 000 m，货车语音提示距离固定为 2 000 m。区段限速语音提示为“注意前方限速”。

⑥ 限速下降的过程中时速每改变 20 km/h 均会提示一次“注意限速”。

⑦ 监控状态发生变化时，提示监控装置的当前状态。

⑧ 降级状态下满足开车对标条件，开放信号、机车运行速度超过 10 km/h 时，语音提示“请注意按开车键”。

⑨ 监控装置判断速度信号通道故障时，语音提示“速度信号故障”。

⑩ 道岔限速语音提示为“注意道岔限速”。

⑪ 临时限速语音提示为“注意临时限速”。

□ 出口限速语音提示为：出口限速不为零时提示“注意前方限速”；出口限速为零时提示“注意停车”“出口限速 0 公里”。

（五）运行数据处理系统功能

地面微机分析处理系统将车载记录的运行数据经过翻译、整理，以直观的全程运行记录、运行曲线、各种安全因素统计报表（可包括司机报单）等形式，再现列车运行的全过程，可查询、可检索、可处理、可打印各种记录，为机务的现代化管理及事故分析提供强有力的工具，这也就是监控装置被称为“列车黑匣子”的原因，数据处理系统主要负责以下数据。

① 全程数据：司机、副司机、车次、车站、编组、时间、公里标、开车停车、进站出站、速度变化、限速变化、信号变化、工况变化、管压变化。

② 安全数据：开机、关机、巡检、超速、放风、报警、校正、解锁。

三、监控装置对机车的控制

（一）LKJ2000 监控装置对机车的控制主要分五个等级

① 报警：当列车运行速度达到报警速度时，显示器发出语音报警（由监控装置完成）。

② 卸载：当列车运行速度超过允许值时，装置切断机车牵引电流，将牵引力减为零。

③ 常用制动：当卸载不能使列车减速时，此时由监控装置发出指令对列车实施常用制动使列车减速。常用制动后，当列车速度低于限速 8 km/h 时，允许司机缓解。

④ 紧急制动：在使用常用制动时不能使列车减速至允许的限速值时，监控装置发出实施紧急制动的指令使列车立即停车。紧急制动不允许司机缓解，当列车速度为零时，自动缓解。

⑤ 系统故障：当系统中 A、B 机同时发生故障时，显示器发出故障报警，要求司机在 3 min 内断开主机电源，否则实施紧急制动。

（二）监控装置的速度控制功能

1. 条件

机车信号显示状态、列车编组辆数、实际运行速度、线路参数、列车所处位置等。

2. 执行措施

根据上述各种条件，实时计算出速度控制模式限速曲线，当出现超速、倒溜及运行速度有可能使列车越过关闭的地面信号机等情况时，先发出报警、卸载命令，提醒乘务员减速或通过卸载切除机车动力；而后启动常用制动或紧急制动装置，使列车减速甚至停车。

3. 速度监控模式曲线

速度监控模式曲线如图 2.4 所示。

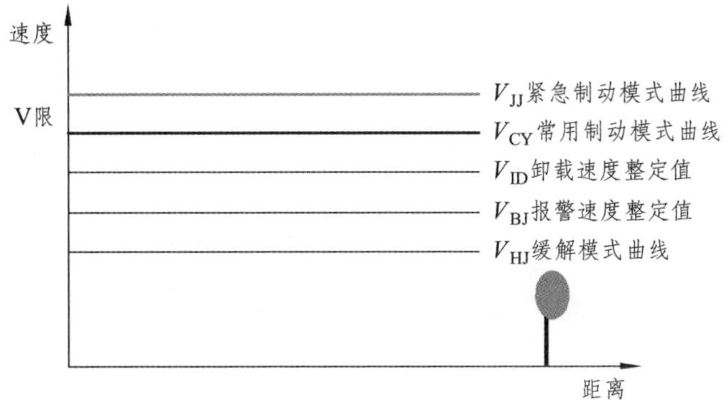

图 2.4　速度监控模式曲线

Va 为列车实际速度，当：

① $Va < V_{HJ}$ 时：允许人工缓解。

② $Va \geqslant V_{BJ}$ 时：语音报警。

③ $Va \geq V_{ID}$ 时：机车卸载。
④ $Va \geq V_{CY}$ 时：常用制动动作。
⑤ $Va \geq V_{JJ}$ 时：紧急制动动作。

四、LKJ2000 监控装置的五种控制方式

1. 正常速度监控方式

根据机车信号状态、列车运行位置控制列车运行速度。

2. 降级 ZTL 控制方式

发生以下几种情况时，装置会无法准确确认机车运行位置，进入降级 ZTL 控制方式：
① 装置关机后超过 30 s 再开机，司机未输入正确的数据或输入数据后未按“开车”键。
② 列车到达终点站，机车担当牵引任务完成，装置的交路数据走完。
③ 列车运行途中装置的程序发生混乱。
④ 装置由“20 km/h 限速模式”切回到正常控制模式。
⑤ 人为设置为降级状态。

3. 设备故障交权方式

设备出现故障时，装置显示器内蜂鸣器会发出报警声，要求乘务员关机。若 3 min 内乘务员未采取行动，装置将迫使列车停车。

4. 调车控制方式

普通调车采用恒限速控制方式，最高限制速度由软件汇编条件定义，不受机车信号色灯影响。

5. 补机控制方式

采用恒限速控制，最高允许运行速度为本交路线路最高允许速度，不受机车信号影响。仅记录、不放风。

第二节　系统组成与结构

一、系统组成

列车运行监控记录装置系统由车载设备、地面设备两部分组成。其中车载设备由一个主机箱、两个显示器、事故状态记录器（选件）、速度传感器、压力传感器以及双针速度表等组成。地面设备由数据转储器（或 IC 卡系统）、测试仪（或诊断仪）、测距仪以及地面微机分析处理系统等组成，如图 2.5 所示。

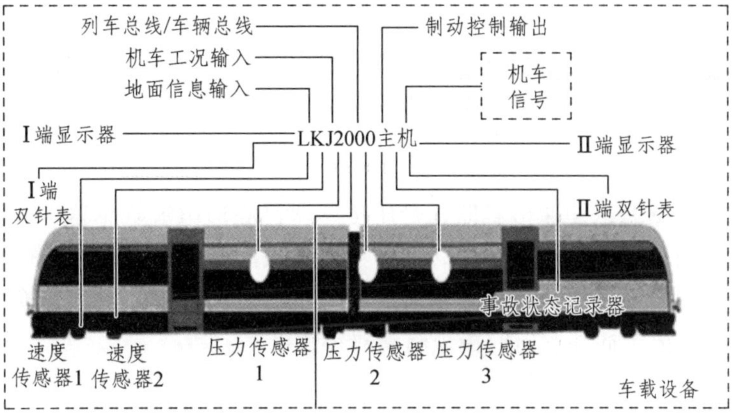

图 2.5 LKJ2000 型监控装置系统结构图

二、车载设备

1. 主机箱

主机箱采用 6U（1 U=44.45 mm）（高度）×160（深度）国际标准机箱，是系统的控制中心，存储线路参数、检测记录机车运行状态并对机车进行实时监控，如图 2.6（a）所示，其内部由 A、B 两组完全相同的控制单元组成，每组有 8 个插件位置（包括 1 个预留位置）各插件位置以机箱中心线为基准对称排列，排列顺序依次为：监控记录、地面信息、通信、模拟量输入/出、数字量输入、数字量输入/出、电源，如图 2.6（b）所示。

主机后背板上设有电缆连接插座和电源开关。

1）监控记录插件

监控记录插件是系统的核心部件，它以 32 位微处理器 MC68332 作为 CPU，主要完成地面线路数据的存储与调用、运行状态数据的记录与同步、控制模式曲线的计算、实时时钟的产生等工作，并通过总线对其他模块进行控制与管理。

2）地面信息处理插件

地面信息处理插件的主要功能是完成对地面轨道电路绝缘节点的识别，为监控记录插件提供用以校正距前方信号机距离的绝缘节信号。

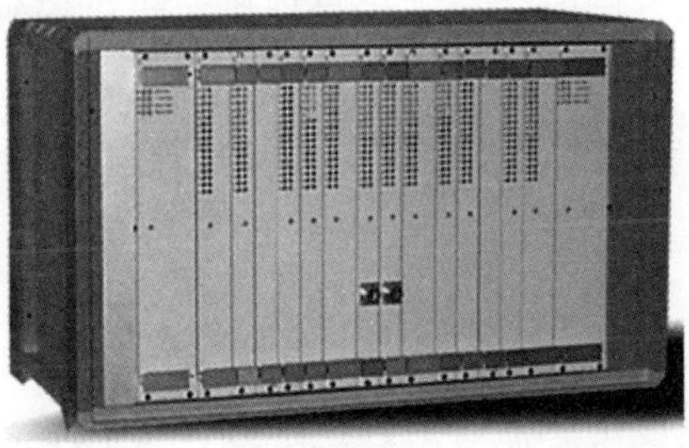

图 2.6（a） LKJ2000 型监控装置主机箱

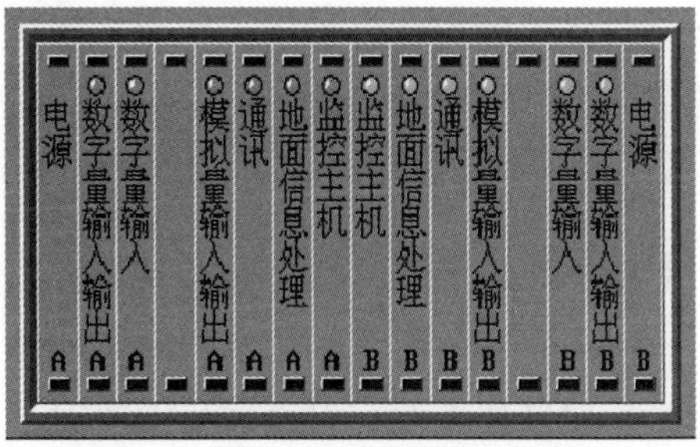

图 2.6（b） LKJ2000 型监控装置主机插件排列

3）通信插件

通信插件主要完成监控装置与其他设备之间的通信管理，以使不同通信格式、不同通信接口和速率的设备可以和监控主机交换数据。

4）模拟量输入/出插件

该插件是速度传感器、柴速传感器、管压传感器、原边电流互感器、双针速度表与监控记录插件之间的接口。把速度传感器、转速传感器输入的信号进行调整处理后送到监控主机插件，把压力传感器、原边电流互感器输入的信号进行调整处理、模数转换后送到监控主机插件，同时根据监控记录插件发出的指令驱动双针速度表。

5）数字量输入插件

完成对机车信号的采集，并将转换后的电平送到数据总线，供监控记录插件采样。插件共有 16 路开关量输入通道。

6）数字量输入/出插件

将机车工况等 110 V 信号进行隔离和电平转换后送至数据总线；输出隔离的开关量控制信号，对机车的卸载、常用制动、紧急制动等进行控制；系统故障时输出“系统故障信号”使系统交权，自动转为降级运行控制模式。

7）电源插件

采用模块化电路，共有七个电源模块，分别输出 5 V、15 V、12 V、24 V 等不同电压，以“共系统各电路”的方式工作。各路输入、输出间相互隔离、互不干扰。

8）系统故障电路

当主机 A、B 机同时发生故障时，将产生系统故障输出，一方面输出 110 V 故障信号至显示器，驱动蜂鸣器报警；另一方面启动过压抑制板上 3 min 延时电路，要求在 3 min 内人工关闭主机电源，否则实施紧急制动。

在出现系统故障时，将封锁 A、B 机制动控制输出，3 min 后紧急制动控制由过压抑制板完成。

2. 显示器（包括键盘）

作为人一机界面的显示器，采用 10 英寸 TFT 高亮度彩色液晶显示屏，以屏幕滚动方式显示实际运行速度曲线及限制速度曲线，以图形、符号和文字形式显示地面信号机的位置、种类及运行线路的曲线、坡道、桥梁、隧道及道口等信息，同时可显示指导性机车优化操纵运行速度曲线和手柄级位曲线，以便提示或引导乘务员操作。屏幕显示器同时具备键盘（21 个薄膜键）操作、语音提示功能以及大容量 IC 卡数据读写功能，如图 2.7、图 2.8 所示。

3. 传感器

主要包括速度传感器、压力传感器等。

（1）速度传感器：安装在机车轮对上，为光电式速度传感器、二通道配置，可满足装置相位防溜功能的需要。

图 2.7　LKJ2000 型监控装置主机和显示器

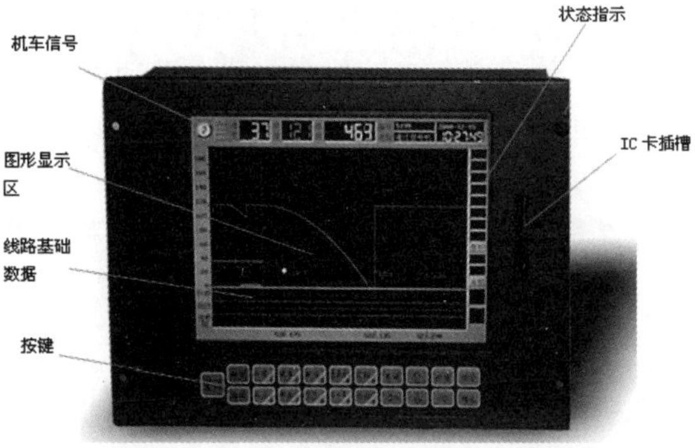

图 2.8　LKJ2000 型监控装置显示器

(2) 压力传感器:
压力传感器 1——检测列车管压力;
压力传感器 2——检测机车均衡风缸压力，用于反馈控制以提高常用制动减压量控制精度;
压力传感器 3——检测机车制动缸压力，在机车单机运行时作为状态记录的依据。

4. 双针速度表

指示实际速度与限制速度，双指针依靠监控装置主机驱动，如图 2.9 所示。

图 2.9　双针速度表

5. 列车事故状态记录器（黑匣子）

LKJ2000 型监控记录装置可选择装备列车事故状态器（黑匣子），它可记录 30 min 以内的最新列车运行状态数据，事故发生后将自动停止记录，其记录密度大大高于监控装置主机数据记录密度，列车走行距离每超过 5 m 就将产生一次相关参数记录。因此，发生严重事故后，记录器可提供详细、准确的列车运行状态数据。事故状态器还有语言记录功能，可记录 30 min 以内的最新车机联控通话情况，并具有抗冲击、防水、耐高温等性能。

6. 机车自动停车装置（简称自停装置）

在我国机车行车安全装备发展历史中，机动车自动停车装置曾与机车信号和列车无线调度电话并称为“机车三项设备”，它们曾是机车不可缺少的“三大件”。

机车自动停车装置可与机车信号配合使用，也可单独发挥作用。同时装设机车信号和自动停车装置的机车，当使用机车信号时，自动停车装置会自动进入工作状态。

机车自动停车装置的主要部件有信息接收设备、电空阀、动力切除装置、音响报警设备、警惕手柄和控制电路等。

当单独使用自动停车装置时，在预告信号机至进站信号机和进站信号机至出站信号机之间，该装置会周期性地发出音响警报。司机听到音响警报后，如果在 7 s 内不按压警惕手柄，自动停车装置上的电空阀就会自行开启，对列车施行强迫停车。列车自动停车后，机车司机必须先解锁，才能继续运行。实践证明，自动停车装置对于保证行车安全起到了很重要的作用。

三、地面设备

1. 转储器

转储器可将车载记录数据转录至地面微机系统供分析处理。其内部数据存储器采用大容量非易失性数据存储器，如图 2.10、图 2.11 所示。

2. 读卡器

读取 IC 卡数据至地面微机系统进行分析处理，如图 2.10 所示。

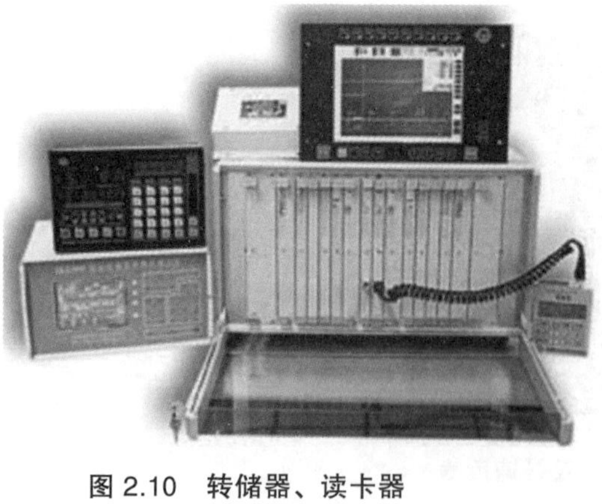

图 2.10 转储器、读卡器

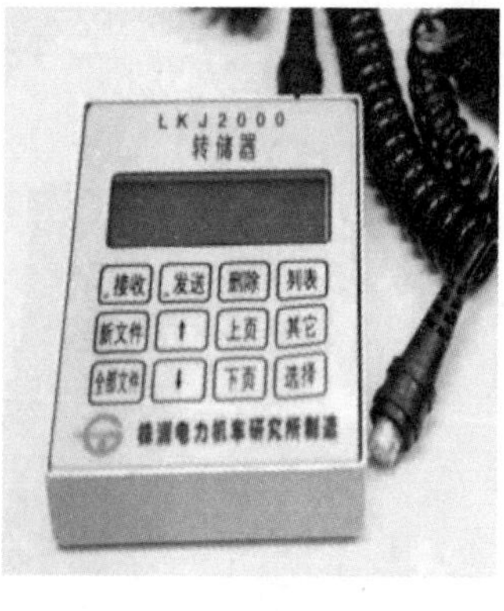

图 2.11 转储器外形图

3. 测试仪（或诊断仪）

CJK2000 型监控装置综合诊断仪在测试监控装置时，不仅能较精确地提供各种机车条件，同时采用了闭环测试方法，实现了监控装置的自动测试及故障诊断功能。兼容 LKJ—93A 型监控装置的测试，是一种智能化程度较高的综合性机车监控装置测试诊断仪器，如图 2.12 所示。

其主要功能有：

（1）可以较准确地模拟监控装置所需的机车信号、机车手柄速度、柴速、原边电流、原边电压、轨道信号、压力等条件。

（2）能够直接向 LKJ2000 型屏幕显示器提供 110 V 工作电源。

（3）采用闭环测试方法，能够采集监控装置产生的信号，以判断监控装置相应通道的情况。

（4）通过和监控设备的通讯，能够反馈监控装置采集到的信号状态，为判断监控装置各信号采集通道的情况提供了方便。

（5）通过网络接口，可以实现程序下载、部分通道自动测试等。

（6）能够提供双针速度表的测试信号。

4. 测距仪

测量列车运行线路上各个特定点的绝对位置（公里标）和相对位置（各种距离）等地面信息，如图 2.13 所示。这些特定点包括信号机、进站道岔、出站道岔、站中心等。由于 LKJ2000 型监控装置采用地面数据车上存储的方式对列车进行监控，故测距对于 LKJ2000 型监控装置具有重要意义。

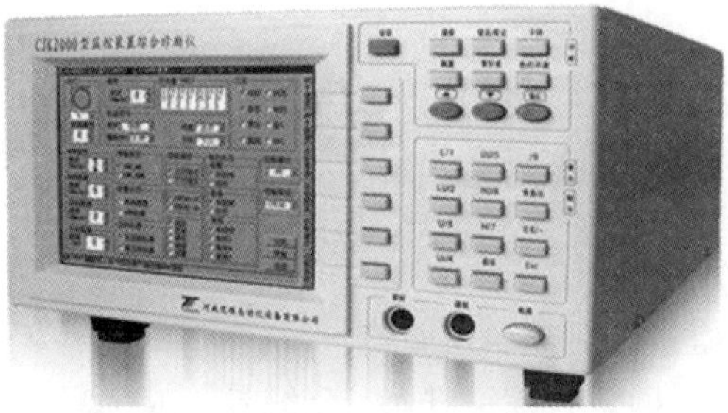

图 2.12　CJK2000 型综合诊断仪

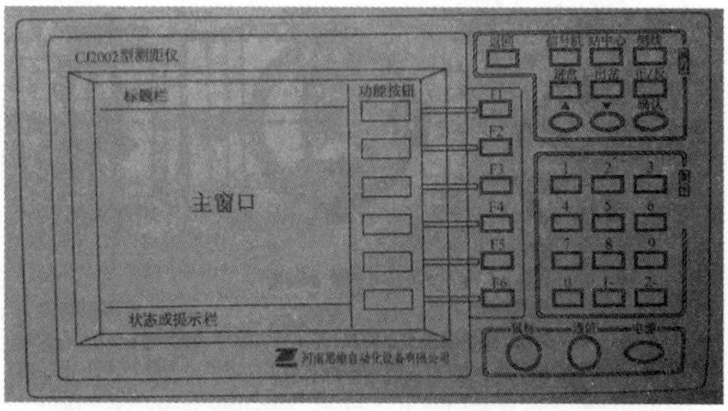

图 2.13　CJ2002 型测距仪

5. 地面微机分析处理系统

负责显示、查询、分析记录数据，并打印各种报表。

第三节　基本操作

一、操作分类

按照不同的运用目的，对 LKJ2000 型监控装置系统的操作可分为乘务人员的操作和地面人员的操作，而乘务人员的操作主要包括基本操作、途中运行操作及在特殊情况下的操作。本书仅就乘务人员的操作加以说明，本节首先介绍乘务人员的基本操作。

基本操作主要分为：开机操作、操作权的选择、参数设定操作（手动输入和 IC 卡输入）、显示器亮度调整、语音提示音量调整、双针表切换、查询操作、出/入段操作、IC 卡转储操作等等。

二、键盘说明

1. 键盘布置和组成

键盘由 21 个带背光的按键组成，光线变暗时，按键上的字符可自动透光。其中 0～9 的数字键在不同界面中，同时还具备其他功能，被称为复合键，其他键为单功能键。按键布局如图 2.14 所示。

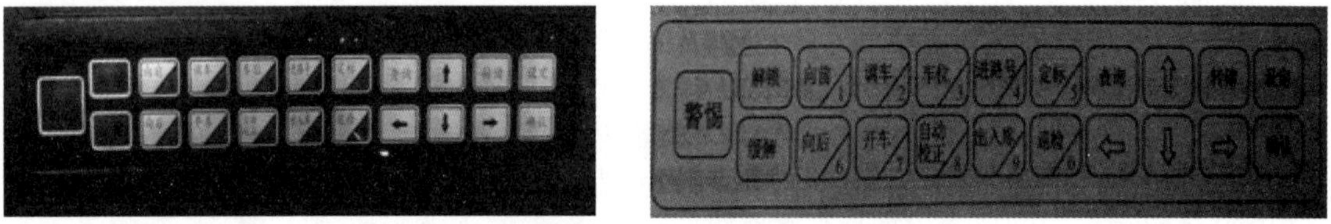

图 2.14 屏幕显示器操作按键及示意图

2. 按键的功能

（1）复合键定义：在监控状态下作功能键使用，在参数修改状态下作数字键使用。

【巡检/0】键：按该键执行副司机机械间巡视记录操作。

【向前/1】键：按该键调整滞后误差。

【调车/2】键：按该键进入或退出“调车”工作状态。

【车位/3】键：配合【向前/1】键或【向后/6】键进行距离误差调整。

【进路号/4】键：当允许输入支线号或侧线股道号时，按该键进入“支线号”或“侧线股道号”输入操作状态。

【定标/5】键：按该键开始线路坐标的打点记录工作。

【向后/6】键：按该键调整超前误差。

【开车/7】键：按该键执行对标开车操作。

【自动校正/8】键：按该键自动调整滞后或超前误差。

【出入库/9】键：按该键开始机车出入段记录工作。

（2）单功能键定义：

【设定】键：进入或退出参数设定操作。

【转储】键：进入文件转储操作状态。

【警惕】键：降级 ZTL、防溜等报警状态下短时间解除报警和防溜动作后撤除 LKJ 制动指令。

【缓解】键：常用于制动后的缓解操作。

【查询】键：进入信息查询操作状态。

【确认】键：用于确定参数设定或修改。

【→】【←】【↑】【↓】键：用于菜单选择和光标移动，在参数设定状态或查询状态，按压相应键，可改变光标位置。在输入数字时，【←】键作退格键用；在非设定状态，【→】【←】键用于调整显示器音量，【↑】【↓】键用于调整显示器亮度；持续按压【↑】键两秒后，进入非正常行车确认状态。

警惕功能的应答按钮：如图 2.15 所示，安装在主司机操纵台上便于司机操作的位置，用于司机乘务员对警惕报警的应答。

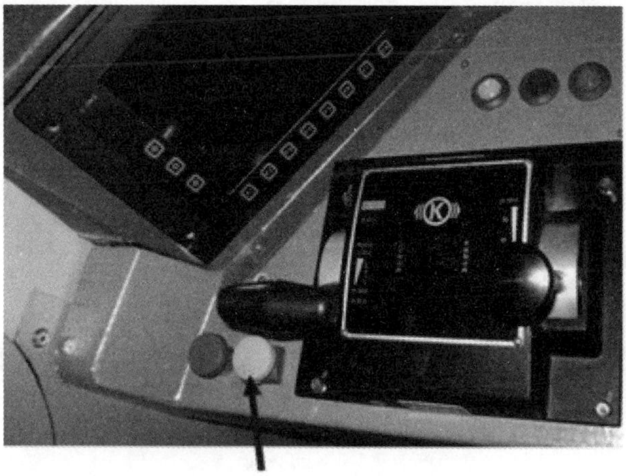

图 2.15　警惕按钮

三、基本操作

1. 开机操作

(1) 闭合机车蓄电池开关，打开主机电源开关（在主机后背板），监控装置执行自检功能，显示器启动，自检完毕后进入原始降级状态，如图 2.16 所示。

屏幕显示器没有电源开关，它的开关状态受主机控制。

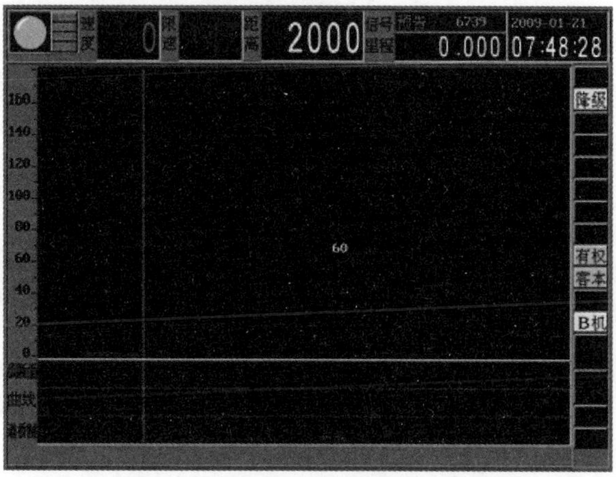

图 2.16　开机自检后显示界面

（2）显示器显示：

① 信号灯状态窗口：复示机车信号的当前显示状态。

② 当前速度窗口：显示机车当前的运行速度值。

③ 限制速度窗口：显示机车当前的限速值。

④ 日期和时间窗口：显示当前的系统日期及时间。

⑤ 系统状态："降级"或"调车"灯亮，"A 机"或"B 机"灯亮。

⑥ 显示屏中间窗口显示降级时的速度限制曲线。

（3）机车运行途中关机后再开机时，如果关机时间不足 30 s，装置启动后恢复到关机前的状态；关机时间大于 30 s 后再开机，监控装置启动后转入降级运行状态。

注意，一般情况下机车运行途中不许随意关闭监控装置电源。

（4）库内开机后，必须将监控装置转入出段状态（按压【出/入库】键，使"出段"灯点亮）。

2. 操作权的选择

（1）在降级和调车状态下两端均有操作权，两端显示屏的"有权"指示标志均点亮。

（2）操作显示器进入正常监控状态的一端，具有优先操作权，称有权端。另一端自动失去操作权，称无权端，无权端仅能进行"查询"功能的操作。

3. 参数设定操作

由于装置采用地面参数内存储，运用时顺序调用的工作方式，因此，在出库前或始发站开车前，须进行参数设定操作，即输入司机代号、本次乘务的车次、车站、区段号、辆数、总重等参数。

参数设定操作在机车运行或停车时均可进行。设定操作分为手动输入和 IC 卡输入两种。

1）手动输入操作方法

按压【设定】键，进入参数设定状态。光标停在"取消"按钮上，界面显示如图 2.17 所示。

通过【→】【←】【↑】【↓】键，移动光标到相应位置，按压【0】～【9】数字键，完成对具体项的设置。如果输入错误，可用【←】键取消光标左侧一个字符，每进行完一项设置，均须按压【确认】键。

参数设置时应注意：

① 进行参数输入的条件：当装置未发出卸载、常用、紧急制动指令且不处于防溜报警和警惕报警状态，满足下列条件之一时允许改变交路号、车站号、车次。

a. 机车信号为停车信号或按停车信号控制的信号，且列车处于停车状态。

b. 机车信号为双黄灯灯，且列车速度＜45 km/h。

c. 机车信号为进行信号，且列车速度＜60 km/h。

d. 机车信号为红黄灯（或按照停车信号处理的"灭灯""单红灯"），手信号引导、货车特殊前行、特定引导等解锁开口后，且列车处于停车状态。

e. 机车信号为"红黄闪"灯信号，前方信号机开口控制后，且列车处于停车状态。

f. 半自闭区间信号机的"红黄灯"（或按停车信号处理的"灭灯""单红灯"），且列车处于停车状态。

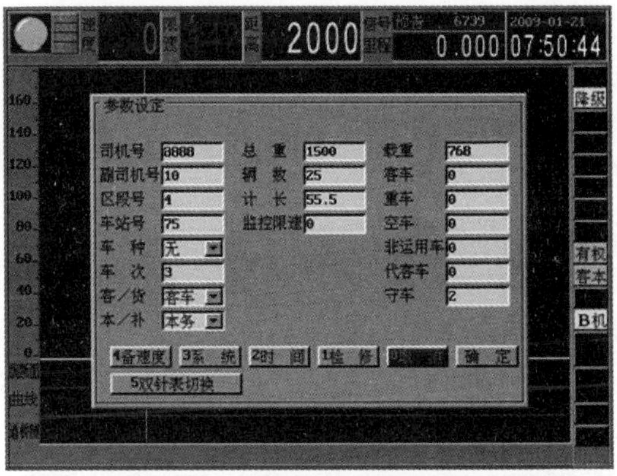

图 2.17 参数输入设定窗口

注意：本务/非本务状态的改变、客货混用交路的客货状态的改变，必须在停车状态下进行。

② 输入列车“计长”时，只需连续输入数字即可，装置自动将最后一位转换为小数位。如输入“435”，装置默认为“43.5”，输入“410”，装置默认为“41.0”。

③ 在输入“车种”等有下拉式菜单的项目时，按压【↓】键展开菜单，然后按压【↑】或【↓】键选择所要选择的项目，按压【确认】键选定。

④ 所有参数修改完毕，将光标移到“确定”按钮，按压【确认】键或直接按压【设定】键，退出参数设定状态；将光标移到“取消”按钮，按压【确认】键退出，此时所有参数设定修改无效。

⑤ 各项参数输入完成，装置认为有效后，“开车”指示灯亮，并在显示屏的左上角显示始发站的名称。

2）IC 卡输入操作方法

① 装置开机后，将写有司机号、副司机号、区段号、车站号、车次以及运行揭示等信息的 IC 卡正确插入显示屏显示器 IC 卡插槽内，显示屏右边“IC 卡”指示灯点亮。如果“IC 卡”指示灯不亮，需检查 IC 卡是否正确插入，IC 卡是否良好，如图 2.18 所示。

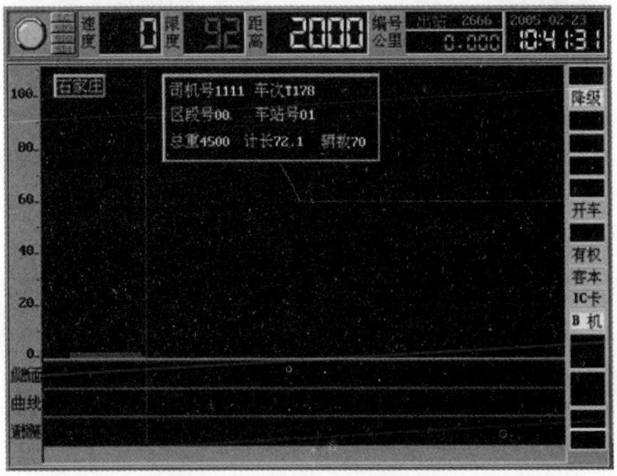

图 2.18 IC 卡输入操作

② “IC 卡”指示灯已点亮，机车速度为“0”时，按压【设定】键，装置将载入 IC 卡内

的运行揭示和设定参数，显示屏自动弹出参数设定对话框，其显示的参数为IC卡信息内容（如果载入的设定参数与实际不符时，可按照手动输入参数的方法进行修改）。乘务员确认相关参数无误后，将光标移到“确定”按钮，按压【确认】键，显示屏显示“发送揭示成功”后，再次按压【确认】键退出。

③ 参数设定完毕，监控装置自动弹出揭示查询界面，提示乘务员对揭示信息进行查询和确认。

装置将IC卡内容存储，作为各项控制的基本参数条件。

④ 当车次、区段号、车站号等设置生效后，在屏幕的左上角会以汉字的形式显示始发站的站名，如不显示或显示错误必须重新进行设定操作，如图2.19所示。

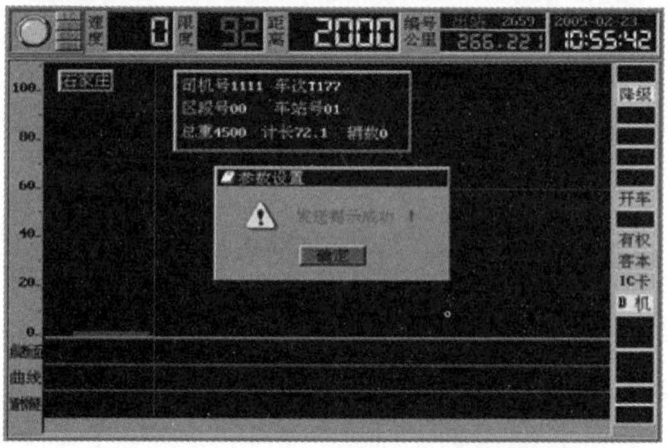

图 2.19 IC卡输入设置操作有效

注意：使用IC卡输入后，装置将刷新存储的揭示信息，因此，必须确认所使用的IC卡存储的揭示内容是最新和有效的，不得使用空白IC卡进行输入操作，如图2.20所示。

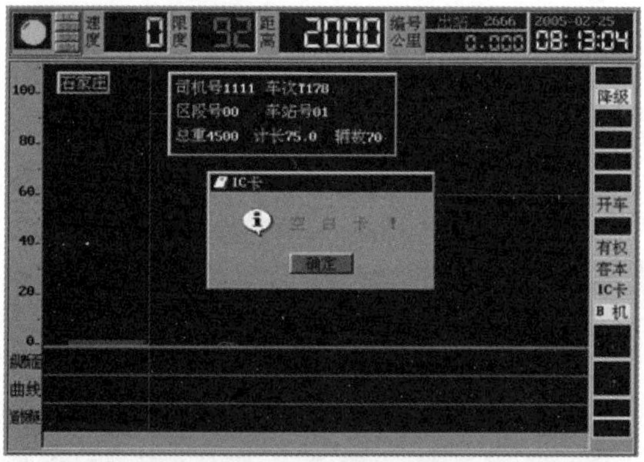

图 2.20 IC卡为空白卡

3）监控限速的输入

① 当监控交路的限速和调车限速不能满足特殊列车限速需要时，可依据有关要求，在显示屏设定窗口中的“监控限速”栏中，人工输入特殊的限速值。

② 允许输入的条件。

停车状态下，且装置无控制指令输出且不处于防溜报警和警惕报警状态时才允许输入。

③ 输入的限速值。

人工输入的监控限速值作为装置确定固定模式限速值的一个条件。如当前使用交路的固定模式限速值为 120 km/h，人工输入的监控限速值为 80 km/h，装置以 80 km/h 确定固定模式限速值，显示屏显示的常用固定模式限速值为 80 km/h。当人工输入的监控限速值等于 0 或者高于当前使用交路的固定模式限速值时，本次列车的固定模式限速值仍取当前使用交路的固定模式限速值。

④ 注意事项。

参数设定时应注意核对“监控限速”栏中的限速值是否符合本次乘务的要求，若所担当的列车（或调车）无特殊限速要求时，注意核对“监控限速”栏中的限速值是否为“0”。担当特殊限速列车牵引（或调车）作业完毕后，应将“监控限速”栏中的限速值设为“0”。

4. 显示器亮度调整

在正常监控状态下，可用【↑】【↓】方向键调整显示器亮度，按压【↑】键增加亮度，按压【↓】键减小亮度，共有 5 级亮度调整。

5. 语音提示的音量调整

在显示屏不显示对话窗口的情况下，【→】【←】键作为语音提示音量调整用。按压【←】键减小音量，按压【→】键增大音量。

6. 双针表的切换

在参数设定窗口的下方有“双针表切换”按钮，移动光标到“双针表切换”按钮，按压【确认】键，将切换双针表控制，将原来是由 A 机的控制转换到 B 机的控制或原来是由 B 机的控制转换到 A 机的控制。

7. 查询操作

操作目的：执行查询操作可了解机车设备及线路的有关数据。

操作方法及显示内容：按压【查询】键，显示屏弹出“查询选择”对话框，如图 2.21 所示。

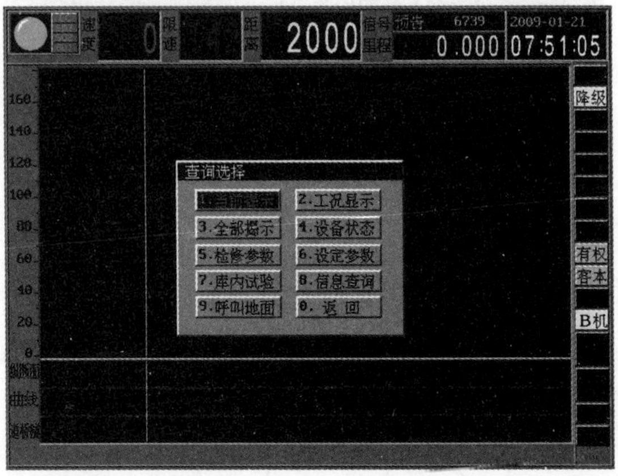

图 2.21 显示屏查询界面

将光标移至相应查询项目，按压【确认】键，或直接按压查询项序号对应的数字键，显示屏显示相关信息数据。查询相关信息数据后，按【确认】键可关闭查询窗口。

各查询项具体操作及显示如下：

1）查询“当前揭示”

操作目的：查询机车当前起控的揭示。

操作方法：进入“查询选择”窗口，将光标移至“当前揭示”位置，按压【确认】键，或直接按压数字键【1】，可显示机车前方 3 000 m 以内的揭示，当列车没有起控揭示信息时，显示“禁止查询”。

当显示屏“揭示信息查询”窗口的运行揭示为白色背景时，表示该揭示为正常状态，绿色背景为已经越过的运行揭示，红色背景为已经人为解除的运行揭示。

注：如果要解锁当前某条揭示，可先将光标移到“选择揭示”按钮并按压【确认】键，然后用光标键移动到所要选择的揭示，按压【确认】键选择要解锁的揭示，如果误选了某条揭示，可移到该揭示项并再次按压【确认】键取消该揭示项的选择。然后将光标移动到“解锁揭示”按钮并按压【确认】键，解锁选中的揭示。

2）查询“工况显示”

操作目的：查询柴油机转速，列车管、均衡风缸、闸缸压力，公里标等数据。

操作方法：在“查询选择”窗口，将光标移至“工况显示”位置，按压【确认】键，或直接按压数字键【2】，显示屏右上角弹出“工况显示”窗口，再次按压【确认】键，“工况显示”窗口关闭，如图 2.22 所示。

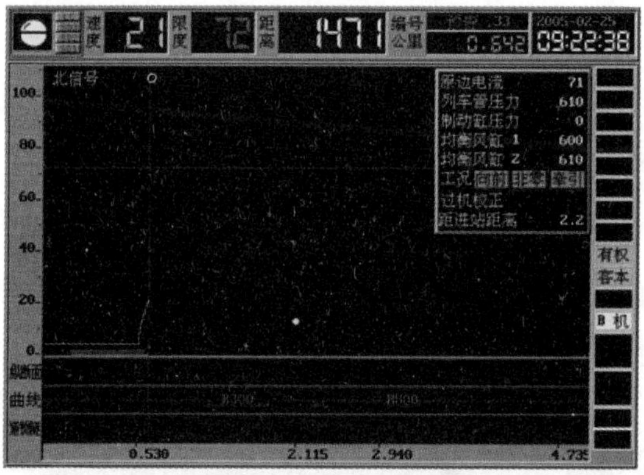

图 2.22 工况显示窗口

3）查询“全部揭示”

操作目的：查询并显示本车次（本交路）的全部运行揭示。

操作方法：在停车状态下，进入“查询选择”窗口，将光标移至“全部揭示”位置，按压【确认】键，或直接按压数字键【3】，显示屏显示装置存储的本次交路本方向的全部运行揭示信息，如图 2.23 所示。如果揭示较多，可以用上下方向键翻页显示。

当装置无运行揭示信息时，提示“禁止查询”。

4）揭示的筛选

操作目的：查询输入的全部揭示中与某条工务线路相关的揭示，如图 2.23 所示，输入的全部揭示中有京广线和郑州北环线的揭示，但此时只想查询郑州北环线的揭示时，可使用揭示的筛选功能。

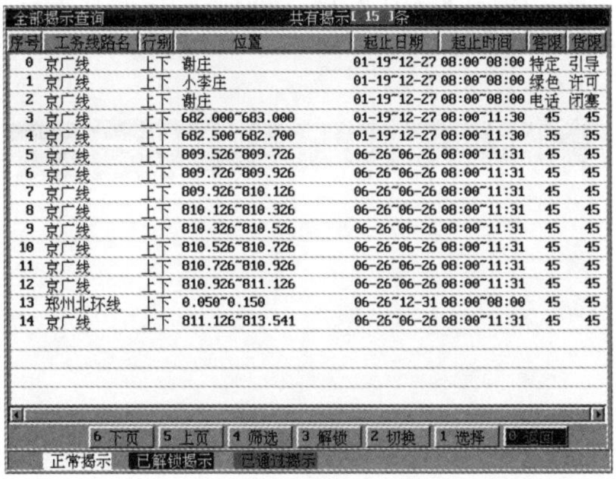

图 2.23 显示屏全部揭示查询界面

操作方法：机车速度为“0”，按压【查询】键进入“全部揭示”查询状态，将光标移至“全部揭示”位置，按压【确认】键，或直接按压数字键【3】，显示屏显示装置存储的全部运行揭示信息。将光标移动到“4 筛选”上，按【确认】键，进入揭示筛选界面，如图 2.24 所示。

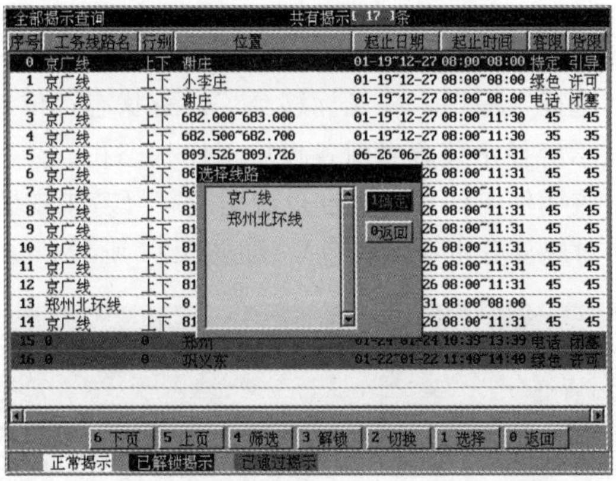

图 2.24 揭示筛选界面

通过按压【→】【←】【↑】【↓】键，将光标移至所列的工务线路上，按【确认】键选中所要查询的线路，如图 2.25 所示（筛选出有关郑州北环线的揭示）。

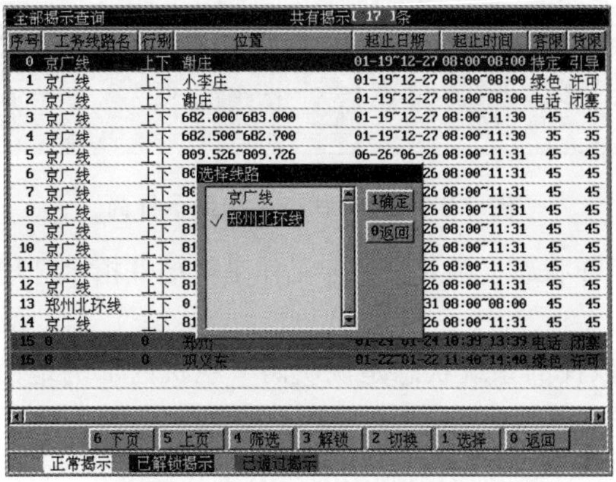

图 2.25 选中查询工务线路揭界面

将光标移至“确认”上，按压【确认】键，即可查询选中的工务线路的有关揭示，如图2.26。

图 2.26 筛选后的揭示查询界面

5）查询“设备状态”

操作目的：查看装置的工作状况。

操作方法：在“查询选择”窗口，将光标移至“设备状态”位置，按压【确认】键，或直接按压数字键【4】，显示屏显示装置当前各模块工作状态和故障状态指示。若模拟插件板上的指示灯为绿色，表示该插件工作正常，红色说明故障（若未安装事故状态记录仪、II 端显示器、副台按钮等，则对应部分也显示红色），如图 2.27 所示。

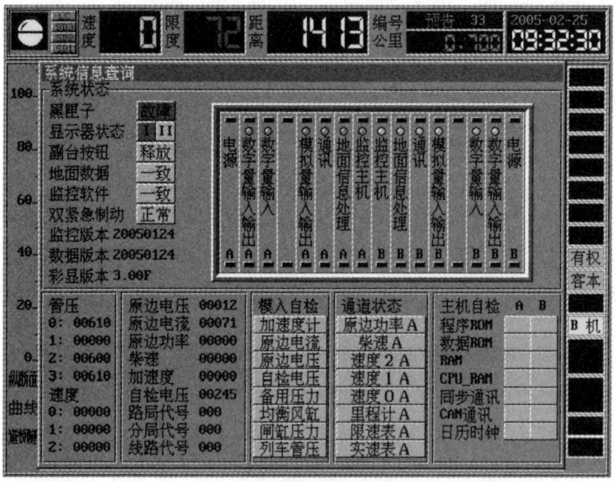

图 2.27 设备状态查询显示界面

如果装置处在单机工作状态，则对应的非工作主机插件指示灯均显示灰色。

注：

① 地面数据和监控软件的系统状态是说明两个主机内部的地面数据和监控软件是否一致，如果不一致则显示“不符”。

② 双紧急制动的系统状态是说明紧急制动冗余是否正常。

查询结束后，按压【确认】键返回。

6）查询“检修参数”

操作目的：查看装置号、机车型号、机车号、轮径、制动机、最大总重、最大计长、最大辆数、柴油机脉冲、双针表量程等是否正确。

操作方法：在“查询选择”窗口，将光标移至“检修参数”位置，按压【确认】键，或直接按压数字键【5】，显示屏会显示系统的当前检修参数。显示内容主要包括装置号、机车型号、柴油机脉冲、轮径、制动机、最大总重、最大辆数、最大计长、双针表量程等。查询结束后，按压【确认】键返回，如图 2.28 所示。

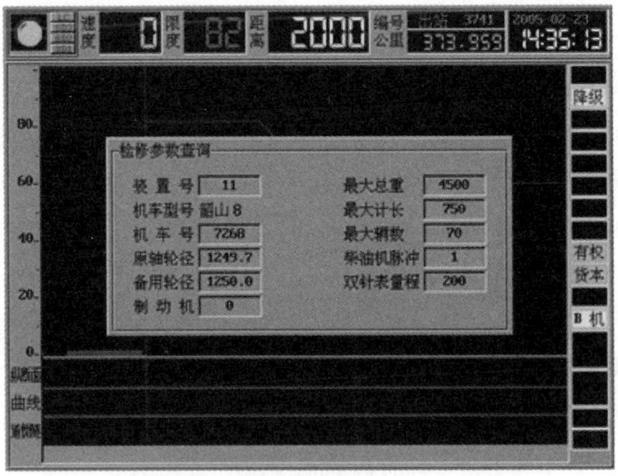

图 2.28　检修参数查询显示界面

注意：检修参数一般由地面检修人员设定，发现某项设置不对时，应让检修人员及时更改。

7）查询“设定参数”

操作目的：查看设定参数是否正确。内容包括了司机号、区段号、车站号、车次、总重、计长、辆数以及编组信息等。

操作方法：在“查询选择”窗口，将光标移至“设定参数”位置，按压【确认】键，或直接按压数字键【6】，显示屏显示系统当前设定参数。内容主要包括司机号、副司机号、区段号、车站号、车次、总重、计长、辆数等信息。查询结束后，按压【确认】键返回。

8）进行“库内试验”

操作目的：机车出库前或入库后，乘务人员或地面检修人员执行此操作检查设备状况，此操作包括对 A 机和 B 机的常用制动和紧急制动试验。

操作方法：装置在调车状态，机车速度为“0”，充满风后，按【查询】键，进入“查询选择”显示界面，将光标移到“库内试验”上，按压【确认】键，或者直接按压数字键【7】，弹出“库内试验”窗口，分别选择 A、B 机的常用制动或紧急制动试验项目，按【确认】键，装置应能正常排风制动，并有“常用制动”或“紧急制动”的语音提示，屏幕右边“卸载”“常用”灯点亮或“卸载”“紧急”灯点亮，数秒钟后自动解除。

注意：

① 制动试验过程不能用人工结束，对制动试验操作，装置均要一一进行记录。

② 进行“制动试验”时，显示屏右上角自动弹出“工况显示”窗口，以便监视列车管和制动缸压力变化。常用制动试验时，列车管减压量为 110 kPa（误差不超过 10 kPa）。

9）信息查询

操作目的：检查显示器键盘各按键及副司机解锁按钮、信号确认按钮作用是否良好。

操作方法：在“查询选择”窗口，将光标移至“信息查询”位置，按压【确认】键，或直接按压数字键【8】，显示屏下方弹出各按键、按钮图形。按压相应的按键或按钮，显示屏对应的按键图形颜色由浅变深，表示该按键或按钮作用正常。若显示屏按键图形颜色无变化，则表明该按键或按钮作用不良。查询结束后，按压【确认】键，之后将光标移至“确定”位置后，再次按压【确认】键。

10）“呼叫地面”试验

操作目的：进行车载无线传输设备通话试验。

操作方法：在“查询选择”窗口，将光标移至“呼叫地面”位置，按压【确认】键，或直接按压数字键【9】，显示屏弹出“呼叫项目选择”窗口，按压相应的按键选择呼叫项目，可分别进行呼叫本段、呼叫调度、呼叫前方调度、挂断、测试等试验。测试完毕自动返回。

8. 出/入段操作

（1）机车出入段，对【出入库】键的操作必须在停车状态下进行，方法如下：

① 司机在段内出勤，登乘机车后，对装置进行下列操作：开机→读卡→查询司机和副司机号→查询交路号、车站号和车次→逐条查询核对运行揭示。

② 准备出库时，必须按【调车】键，使“调车”指示灯亮，再按【出入库】键，使“出段”指示灯亮，机车到闸楼签点后，按【出入库】键使“出段”指示灯灭，进入“调车”状态，监控装置记录签点时间（出段时分）。

③ 列车到达终点站停车，乘务员按【调车】键，使“调车”指示灯亮，运行到闸楼后，按【出入库】键使“入段”指示灯亮，装置记录入段时分。

机车入段停车后，需及时转储装置记录的列车运行数据文件。

（2）注意事项。

① 出库、入库的状态改变，只能在速度为 0 时进行操作。

② 出入库受到监控装置监控状态下，限速为 16 km/h。

9. IC 卡转储数据操作

操作目的：把装置内存中记录的数据转送到 IC 卡中，然后再传送到地面微机系统进行分析、处理。

转储范围：选择转储、全部转储、转储所有未转文件。

操作方法：

（1）自动转储新文件：

停车时，插入 IC 卡，按两次【转储】键，直接转储。

（2）“选择转储”操作方法：

① 机车速度为“0”时，按压【转储】键，显示屏显示“文件转储”窗口，光标首先在“选择文件”位置，按压【确认】键后，装置进入选择转储状态运行数据文件列表如图 2.29 所示。

② 用【↑】、【↓】键移动光标至需要转储的文件，按压【确认】键选中此文件，该文件名

背景变为蓝色，重复上述操作，可选择多个文件。若取消已经选中的文件，只需将光标移至该文件名，按压【确认】键，使文件名背景变为白色，即取消对该文件的选择。

③ 文件选择完毕，按压【←】方向键，光标自动移至“开始转储”按钮，按压【确认】键，即开始将所选文件从装置转储到 IC 卡的操作，同时显示屏弹出“正在转储”窗口。运行文件转储界面如图 2.30 所示。

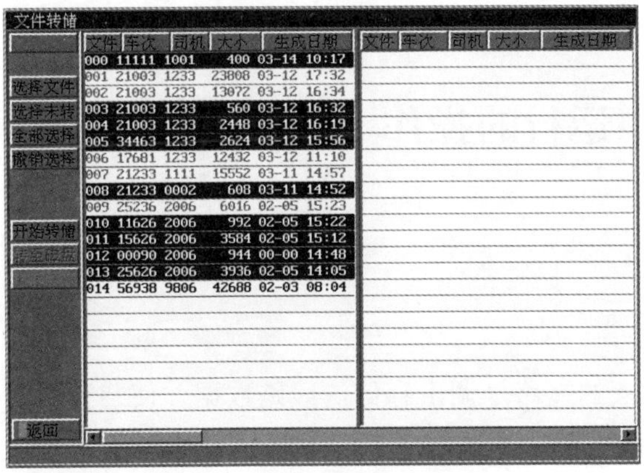

图 2.29　运行数据文件列表

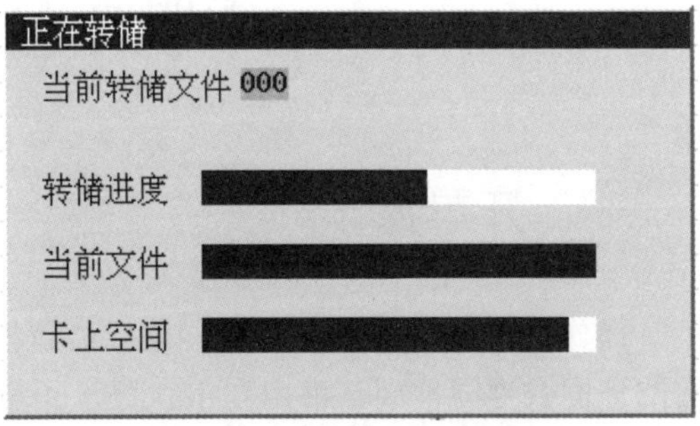

图 2.30　运行文件转储界面

“正在转储”窗口显示当前转储文件名、转储进度、IC 卡空间。转储完毕后显示屏提示“转储成功”，按压【确认】键，光标移至“卡上文件”，按压【确认】键，显示屏显示 IC 卡已转储的文件列表信息，内容包括“文件序号、车次、司机、文件大小、生成日期”，光标移至“返回”位置，按压【确认】键，退出“文件转储”窗口。

（3）“全部转储”操作方法：

① 机车速度为“0”时，按压【转储】键，进入“文件转储”窗口，用【↑】、【↓】方向键将光标移至“选择全部”位置，按压【确认】键，所有文件名背景均变成蓝色。

② 选择文件后，光标自动移至“开始转储”位置，按压【确认】键，开始把文件从装置转储到 IC 卡，同时显示屏弹出“正在转储”窗口，显示文件转储过程信息。转储完毕后显示屏显示“转储成功”信息，按压【确认】键，光标自动移至“卡上文件”，按压【确认】键，显示 IC 卡上已转储文件的列表信息。移动光标至“返回”位置，按压【确认】键，退出“文件转储”窗口。

（4）转储“未转文件”操作方法：

机车速度为“0”时，按压【转储】键，进入“文件转储”窗口后，再次按压【转储】键，装置将直接转储没有被转储过的文件，也可以按照下面的方法分部转储：

① 机车速度为“0”，按压【转储】键进入“文件转储”窗口。

② 将光标移至“选择未转”位置，按压【确认】键，所有未转储文件被选中，背景变为蓝色。

③ 选择文件后，光标自动移至“开始转储”位置，按压【确认】键，开始把文件从装置转储到 IC 卡，弹出“正在转储”窗口，并显示文件转储进度，转储完毕后提示“转储成功”，按压【确认】键，光标自动移至“卡上文件”位置，再按压【确认】键，显示 IC 卡上已转储的文件列表，移动光标至“返回”位置，按压【确认】键，退出“文件转储”窗口。

（5）转储文件时注意：

① 文件选中后，将光标移至“撤销选择”位置，按压【确认】键，所有已选中的文件被撤销，将光标移至“选择文件”位置，可进行重新选择。

② 转储操作结束后，如果转储不成功，显示屏提示“写卡失败”，按压【确认】键，可重新进行转储操作。若显示屏提示“卡已满”，可另换一张 IC 卡重新进行转储操作。

第四节　途中运行的操作

一、开车操作

操作目的：完成出发对标，监控装置按输入的交路号调出存储的线路数据，使装置内存储的地面数据同地面基准点同步，进入正常监控状态。

操作方法：运行参数设定完成，列车在始发站起动后，当机车头部与规定的出站信号机（发车进路信号机）或规定地点平齐时，即当机车运行到设定的始发站对标开车基准点时，按压一次【开车】键，列车运行监控记录装置即进入监控状态。装置正常监控状态如图 2.31 所示。

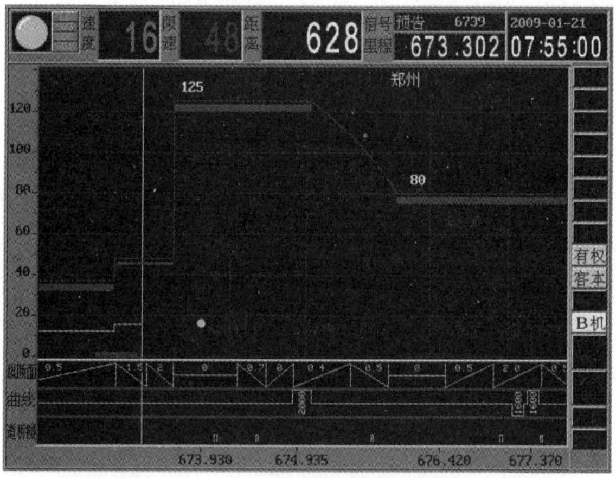

图 2.31　监控装置正常监控状态

注意：

① 按压【开车】键的条件是：装置的控制须为降级状态，“开车”指示灯点亮。

② 当处于降级报警状态或防溜报警时，应首先按【警惕】键解除降级报警或防溜报警，然后再按【开车】键完成“开车”操作。

③ 按压【开车】键后，“开车”指示灯熄灭，此时显示屏上方数据窗口会显示出实际速度、限制速度、前方信号机种类、距离等相应的数据。

④ 降级状态下机车信号显示进行信号，如果列车运行速度大于 10 km/h，监控装置语音提示“请注意按开车键”。

二、防止列车超速

（1）以各类允许速度和限制速度的最低值为列车限速值。列车在平直的限速区段运行称为固定模式区；列车在目标降速点不为“0”的区段运行称为减速模式区；列车在目标点为“0”的区段运行称为停车模式区。不同模式区示意如图 2.32 所示。

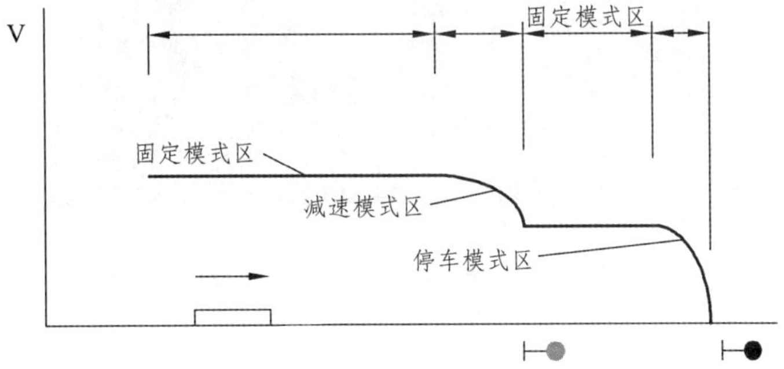

图 2.32　模式区示意图

（2）当列车运行速度超过列车限速值 2 km/h 时会有语音提示；当列车运行速度超过列车限速值 3 km/h 时解除牵引力；当列车运行速度超过列车限速值 5 km/h 时实施常用制动；当列车运行速度超过列车限速值 8 km/h 时实施紧急制动。

（3）对于侧向道岔和临时施工慢行、半径为 400 m 及以下的线路曲线引起的列车限速，规定为：当列车运行速度达到列车限速值时会有语音提示；当列车运行速度超过列车限速值 1 km/h 时解除牵引力；当列车运行速度超过列车限速值 3 km/h 时实施常用制动；当列车运行速度超过列车限速值 5 km/h 时实施紧急制动。

（4）装置实施解除牵引力控制后，当列车运行速度低于模式限速值 3 km/h 时，自动解除控制。装置实施常用制动控制后，列车在固定模式限速区运行，实际速度低于固定模式限速值 5 km/h 时，提供缓解条件；列车在减速模式区运行，实际速度低于目标限速后，提供缓解条件；列车在停车的模式下运行，列车停车后提供缓解条件。装置实施紧急制动控制后，列车停车后自动解除控制指令。

（5）显示界面。

当列车运行速度≥列车限速值后，在曲线显示窗口的左边界处会显示一个放大的标尺窗口，标尺纵向坐标以常用制动速度值为中点，上边界为列车紧急制动限速值，下边界为列车限速值。同时，用数字提示当前列车运行速度与常用制动速度值（即操纵考核值）的差值。

常用制动速度值用单红线表示。列车限速值与列车解除牵引力速度值之间用光带显示，光带颜色按如下规律变化：

① 当列车运行速度＜列车限速值时，光带用灰色显示。

② 列车限速值≤列车运行速度＜解除牵引力值时，光带用黄色显示。

③ 当列车运行速度≥解除牵引力值时，光带用黄色显示并以 1 Hz 的频率闪烁。

光带和放大窗口显示界面如图 2.33 所示。

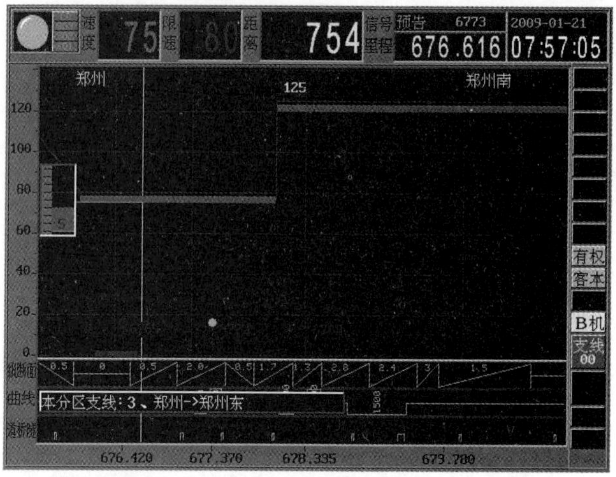

图 2.33 光带和放大窗口显示界面

三、防止减速信号超速及防止冒进信号

（1）装置采用分级控制时，列车在减速信号前，装置工作在减速模式区，控制模式的计算规定如下：

常用制动距离计算，计算空走距离。

装置输出常用制动指令后的紧急制动距离计算，不计算空走距离。

装置满足取消常用制动的条件时按取消常用制动后的紧急制动距离计算，计算空走距离。

常用计算模式限速值按减速信号目标地点的限速值+5 km/h 计算确定。

紧急计算模式限速值按减速目标地点的限速值+8 km/h 计算确定。

（2）列车在减速模式区运行，装置语音提示、解除牵引力和实施制动的控制时机设置如下：

常用制动距离计算模式限速值-实际运行速度值≤5 km/h 时，语音提示。

常用制动距离计算模式限速值-实际运行速度值≤1 km/h 时，解除牵引力。

常用制动距离计算模式限速值-实际运行速度值=0 时，实施常用制动控制。

紧急制动距离计算模式限速值-实际运行速度值=0 时，实施紧急制动控制。

（3）列车在停车信号前，装置在停车模式区工作，常用制动距离计算和紧急制动距离计算时均计入空走距离。装置语音提示、解除牵引力和实施制动的控制时机设置如下：

常用制动距离计算模式限速值-实际运行速度值≤5 km/h 时，语音提示。

常用制动距离计算模式限速值-实际运行速度值≤1 km/h 时，解除牵引力。

常用制动距离计算模式限速值-实际运行速度值=0 时，实施常用制动控制。

紧急制动距离计算模式限速值-实际运行速度值=0 时，实施紧急制动控制。

（4）在以下特定情况，允许机车牵引列车的装置自动关闭常用制动控制功能。自动关闭常用制动控制功能后，紧急固定模式限速值按常用固定模式限速值取值：

（1）在长大下坡道地段，且机车不具备电阻制动功能。

（2）在减速模式或停车模式区，人工减压≥50 kPa。

（3）站内停车仅采用紧急制动控制。

四、降级状态控制

（1）列车运行中，当发生下列情况之一时，装置处于降级控制状态：

① 装置关机后超过 30 s 再开机，司机未输入正确的数据或输入数据后未按“开车”键。

② 列车到达终点站，机车完成牵引任务，装置的交路数据走完后。

③ 车运行途中装置的程序发生混乱时。

④ 装置由“20 km/h 限速模式”切回到正常控制模式时。

⑤ 为设置为降级状态。

（2）装置处于降级控制状态时，“降级”指示灯亮，“调车”指示灯灭。

（3）装置处于降级控制状态时，采用以下防超速监控功能：

① 当机车信号为停车信号（含白灯），列车运行速度超过 5 km/h 时，装置实施周期语音提示，司机在 7 s 内未按压【警惕】键进行应答操作，装置实施紧急制动控制。当列车运行速度小于 5 km/h 时，自动解除语音提示。

② 机车信号为进行信号时，列车运行 2 000 m 后限速为 60 km/h。

③ 机车信号由进行信号变为停车信号时，列车运行 800 m 后限速为 20 km/h。

（4）装置处于降级控制状态，需要恢复到正常监控状态时，应重新输入前方站号，运行到该站正线出站信号机（或指定地点）处按压【开车】键即可。

（5）装置未发出卸载、常用、紧急制动指令且不处于防溜报警和警惕报警状态，并满足以下条件之一时，方可人为的由正常监控状态转为降级状态：

① 机车信号为停车信号或按停车信号控制的信号，且列车处于停车状态。

② 机车信号为 UU 灯，且列车速度＜45 km/h。

③ 机车信号为其他进行的信号，且列车速度＜60 km/h。

④ 机车信号为红黄灯（或按照停车信号处理的“灭灯”“单红灯”），手信号引导、货车特殊前行、特定引导等解锁开口后，且列车处于停车状态。

⑤ 机车信号为“红黄闪”灯信号，前方信号机开口控制后，且列车处于停车状态。

⑥ 半自闭区间信号机的“红黄灯”（或按照停车信号处理的“灭灯”“单红灯”），且列车处于停车状态。

（6）本务/非本务状态和客货混用交路，客货状态的改变必须在停车状态下进行。

五、防溜控制及解除

装置的防溜控制分为管压、手柄、相位三种方式，在 LKJ 的通常状态、降级状态、调车状态、20 km/h 限速状态下同时开通使用。

（一）管压防溜控制

（1）满足下列条件之一时，装置启动管压防溜控制，语音提示“注意管压防溜”10 s 后实施紧急制动：

① 客货列车在通常状态下停车后，5 s 内列车管减压量未达到 80 kPa。

② 单机车次在通常状态下停车或其他车次在调车状态下停车后，5 s 内列车管减压量未达到 80kPa 或制动缸压力未达到 80 kPa。

防溜控制启动后显示屏显示如图 2.34 所示。

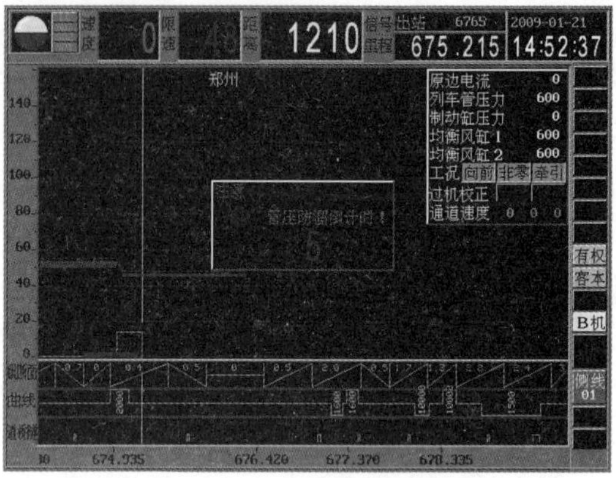

图 2.34 防溜控制启动后显示界面

（2）装置启动管压防溜控制，语音提示“注意管压防溜”后，采用下列方法之一，可解除管压防溜控制：

① 追加减压，使列车管累计减压量达到 80 kPa 以上。

② 语音提示时间内按压一次【警惕】键。

③ 单机车次或处于调车状态，可使用单阀，使制动缸压力大于 80 kPa。

（3）若列车缓解后 60 s 内不开车，装置将再次启动防溜控制功能，且持续语音提示 90 s 后实施紧急制动。缓解不开车防溜启动后显示界面如图 2.35 所示。

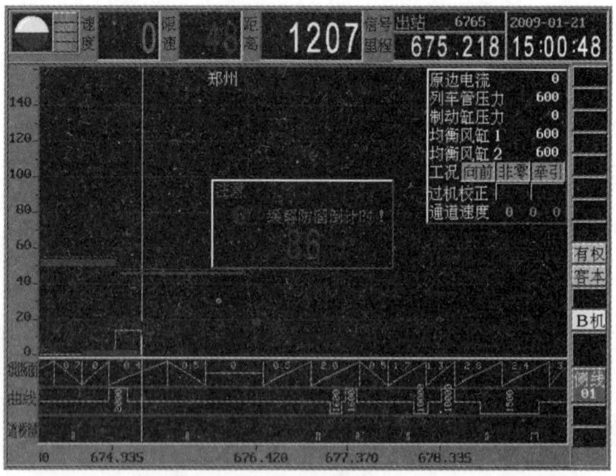

图 2.35 缓解不开车防溜控制启动后显示界面

（4）装置防溜控制制动启动后，按压一次【警惕】键方可缓解。

（二）手柄防溜控制

（1）在通常、降级、调车和 20 km/h 限速状态下，当机车手柄未发生变化而机车从停车状态开始动车，速度≥3 km/h 或走行距离≥10 m 时，装置启动防溜控制功能，语音提示“注意手柄防溜”10 s 后实施紧急制动控制。手柄防溜启动后显示界面如图 2.36 所示。

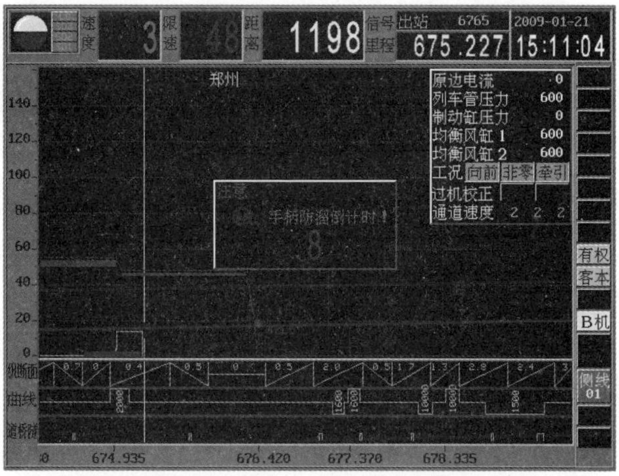

图 2.36　手柄防溜控制启动后显示界面

（2）装置启动手柄防溜控制，语音提示“注意手柄防溜”后，采用下列方法，可解除手柄防溜控制：

①“注意手柄防溜”语音提示完毕后，立即提手柄，使机车加载。

② 语音提示时间内按压一次【警惕】键。

（3）装置防溜控制制动后，按压一次【警惕】键方可缓解。

（三）相位防溜控制

（1）在通常、降级、调车和 20 km/h 限速状态下，机车从停车状态开始动车，且机车移动方向与机车换向手柄的位置相反，速度≥3 km/h 或者移动距离≥10 m 时，连续语音提示“注意相位防溜”，当机车乘务员按【警惕】键应答，语音提示暂停，4 s 后继续语音提示“注意相位防溜”。当机车走行速度≥10 km/h 时，继续用语音提示“注意相位防溜”。语音提示持续 10 s 后，若机车乘务员未按【警惕】键应答，装置实施紧急制动控制。相位防溜启动后的显示界面如图 2.37 所示。

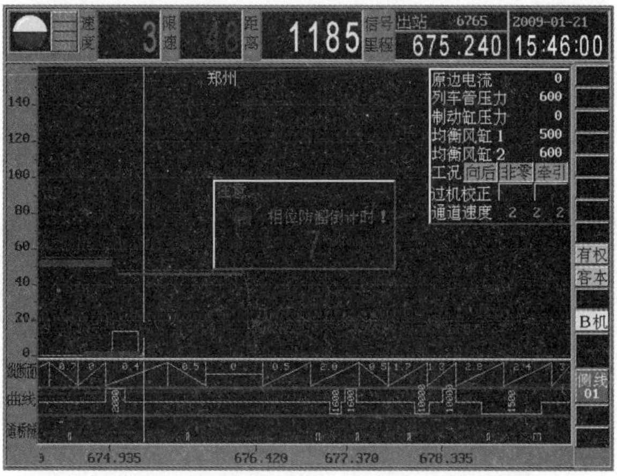

图 2.37　相位防溜控制启动后显示界面

（2）装置启动防倒溜控制，语音提示“注意相位防溜”后，采用下列任意方法，可解除防倒溜控制：

①“注意相位防溜”语音提示完毕后，操纵机车使运行方向和机车换向手柄的方向一致。

② 速度≥10 km/h 时，在语音提示时间内按压一次【警惕】键。

（3）装置防溜控制制动启动后，按压一次【警惕】键方可缓解。

六、进站操作

（1）列车在进站信号机前，机车信号为一个半黄半红闪光灯光时，装置监控列车以不超过 20 km/h 的速度越过该进站信号机。

（2）列车在进站信号机、接车进路信号机或四显示区段分割信号机前的，机车信号为停车信号。列车速度低于 20 km/h 时，装置提供解除停车控制的条件，司机按压【解锁】键后，装置监控列车以不超过 20 km/h 的速度越过该信号机。

（3）对于装置线路数据文件中已预先设置为“机外大坡道特殊车站”的，列车在进站信号机前的，机车信号为停车信号。允许列车速度高于 20 km/h，装置提供解除停车控制的条件，司机按压【解锁】键后，监控列车以不超过 20 km/h 的速度越过该进站信号机。

七、列车在站内停车的操作

（1）列车在站内停车控制仅采用紧急制动方式。

（2）货运列车站内停车再动车的特殊前行控制：货物列车在站内停车后，列车头部需要越过控制曲线关闭点时，由装置提供特殊前行的操作条件。按规定操作完毕后，允许列车越过控制曲线关闭点，并监控列车在预定地点前的停车。

① 装置提供特殊前行的条件：

• 装置输入的列车种类必须是货车状态。

• 列车必须处于停车状态。

• 装置显示的信号机必须为出站、进出站信号机（不含线路所）。

• 装置的车载基础数据中未将列车所停车的股道设置为“货车靠标停车困难特殊站”。

• 装置显示距前方信号机的距离小于 70 m。

• 机车信号显示为停车信号（单红灯或低频信息为“H”码除外）或进行信号，但装置输入有该站“停基改电”或使用“绿色许可证”的运行揭示。

• 装置不处于“20 km/h 限速模式”状态。

② 特殊前行的操作方法：

• 满足以上条件，持续按压显示屏【↑】键 2 s，弹出非正常行车确认窗口。如图 2.38 所示。

• 光标移至“5.货车特殊前行”，按【确认】键，进入特殊前行输入窗口。如图 2.39 所示。

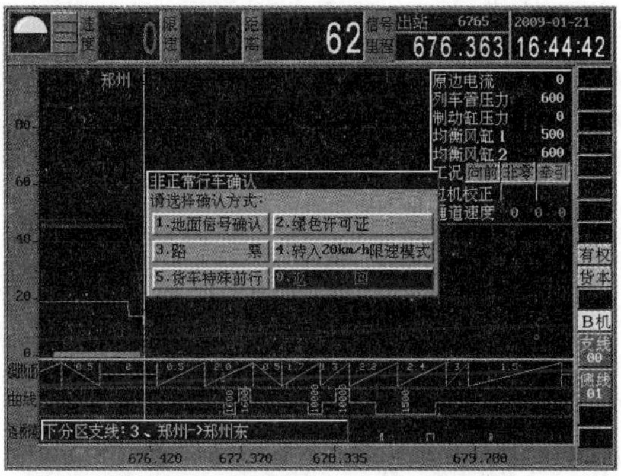

图 2.38　非正常行车确认窗口

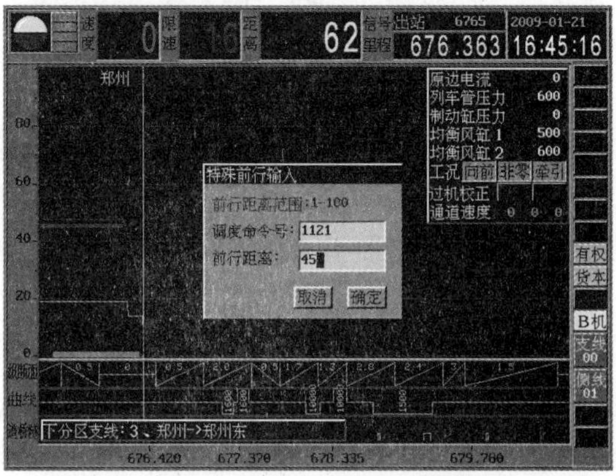

图 2.39　特殊前行输入窗口

• 输入调度命令号和允许前行的距离后（调度命令号输入大于 0、小于 9999999 的数字，前行距离输入 1～100 的数值，超出此范围值的装置提示“输入无效”），按压【确认】键，进入特殊前行控制显示界面，模式限速为 16 km/h，随着列车实际走行“特殊前行剩余距离”的逐渐减少，当剩余距离为“0”时，模式限速曲线从 16 km/h 突降为 0，如图 2.40 所示。

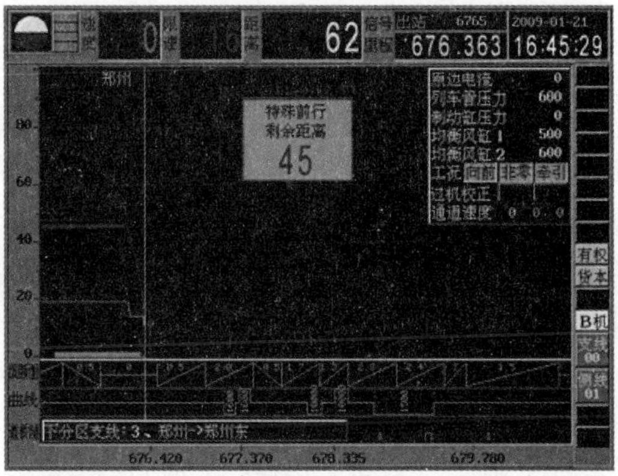

图 2.40　特殊前行控制显示界面

• 操纵列车以低于 16 km/h 的速度，运行至规定的地点停车。

·当一次特殊前行过程不能满足停车的要求时，重复上述操作，从启动新一次的特殊前行控制。

③ 特殊前行控制的制动条件：

·运行速度等于常用、紧急模式值时。

·特殊前行剩余距离为 0 时。

·特殊前行过程中机车信号由红黄灯变为单红灯时。

·进入特殊前行模式，停车状态下机车信号变为单红灯，开车后列车走行距离≥10 m 时。

④ 特殊前行模式的自动退出：

·进入特殊前行模式，超过 5 min 未进行特殊前行作业时。

·在特殊前行过程中，机车信号变为进行信号时。

·进入特殊前行模式后，按【调车】键进入调车状态，再退出调车状态时。

·特殊前行模式下，重新设定司机输入参数，进入降级状态时。

·装置输入有该站的“停基改电”“绿色许可证”运行揭示，进入特殊前行模式，运行揭示人工解锁后，机车信号显示进行信号时。

（3）在装置线路数据文件中已预先设置为“靠标停车困难特殊车站”的，列车在站内停车采用以下控制方式：

① 客运列车运行速度低于 20 km/h 且距出站信号机距离小于 200 m 时，装置提供一次性解除停车控制条件，按压【解锁】键后，监控列车以不超过 20 km/h 的速度运行。

② 货运列车运行速度低于 15 km/h 且距出站信号机距离小于 200 m 时，装置提供一次性解除停车控制条件，按压【解锁】键后，监控列车以不超过 15 km/h 的速度运行。

（4）当按压【解锁】键后，装置已失去对出站信号机的停车监控功能，所以乘务员应严格控制列车运行速度，确保在出站信号机前停车。

八、出站运行

由于车站采用叠加式发码设备，致使侧线接车和发车时，轨道电码化不连续，列车越过进站或出站信号机后，机车信号收不到码，装置不能复示前方信号机显示。即使地面信号开放，装置也按信号关闭处理。另外，一些车站侧线股道无码，机车信号不能复示出站信号显示，装置按信号关闭处理。为维持列车正常运行，装置按以下方式设定：

（1）列车由股道无码车站侧线通过。列车进站前，机车信号显示双半黄色灯光（或交流计数区段的黄色灯光），进站后转白灯，对装置线路数据文件中已设置为固定无码的侧线股道，列车运行到距出站信号机距离小于 400 m 时，司机确认出站信号机开放后，按压【解锁】+【确认】键，装置解除站内停车控制功能，监控列车以不超过道岔侧向规定的速度越过出站信号机。

（2）在自动闭塞区段的出站（或发车进路）信号机前，机车信号为一个双半黄色灯光（或始发站机车信号为双半黄色闪光灯光），当列车运行到距出站（或发车进路）信号机距离小于 400 m 时，装置会用语音提示“请确认信号”，司机确认地面信号机为绿灯或绿黄灯后，按压【↑】键 2 秒，弹出“非正常行车确认”界面，选择“1.地面信号确认”，弹出“当前地面信号确认”界面，将光标移至“确定”位置，按压【确认】键，装置按出站道岔侧向规定速度监控列车运行，并自动解除列车出站后机车信号由双黄色灯光转白色灯光的停车控制功能，机车信号接收到次一信号机的显示时，按其显示要求监控列车运行。非正常行车确认界面如图 2.41 所示，出站信号机确认界面如图 2.42 所示，确认有效后界面如图 2.43 所示。

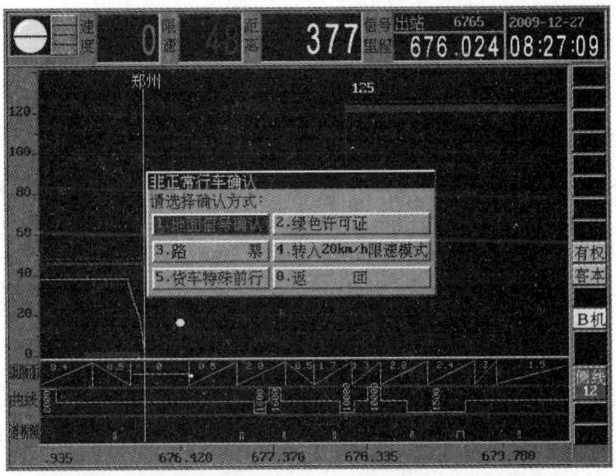

图 2.41　非正常行车确认界面

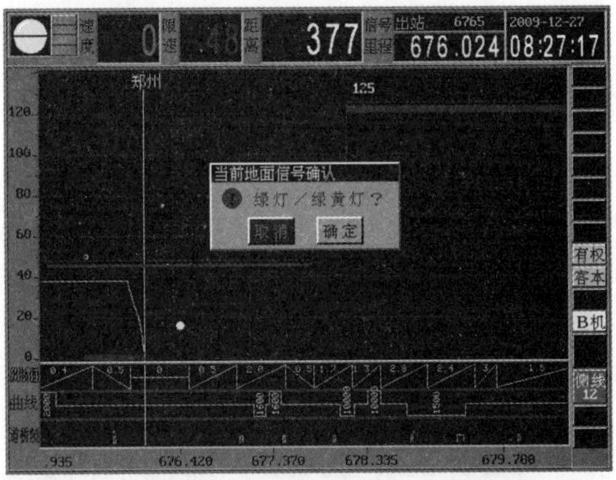

图 2.42　出站信号机确认界面

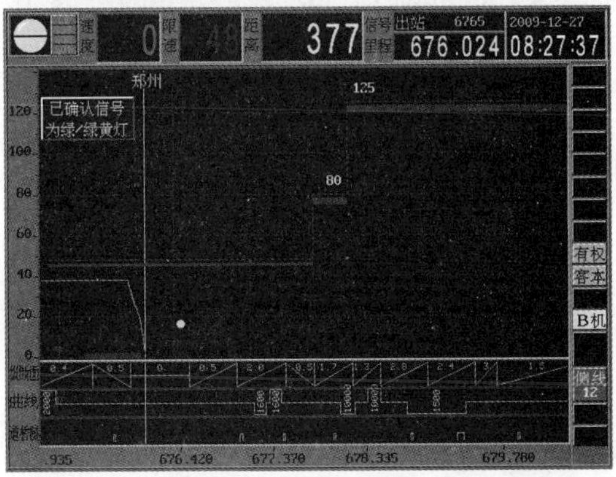

图 2.43　出站绿灯/绿黄灯确认有效界面

注：非始发站出站信号机前机车信号为双黄闪且为大于 1/12 道岔控制时，禁止进行绿灯确认。

（3）列车由车站无码股道发车。列车开车前，机车信号机显示白灯，司机确认出站信号机开放后，按压【解锁】键+【确认】键，装置解除出站信号机前的停车控制功能，监控列车以不超过道岔侧向规定速度越过出站信号机。

（4）管理文件规定，当前信号机开放，必须以次一信号机开放为条件，装置预先将此设定为“关联发码特殊信号机”后，自动解除该机车信号一个黄色灯光（或一个双半黄色灯光）转一个白色灯光的停车控制。

（5）对于装置线路数据文件中设置为“侧进正出”的股道，如果出站信号机前机车信号为双黄灯，则按“车站信息”中的出站道岔限速和出岔距离控制侧线出岔。

（6）列车经 18 号及以上道岔时侧向通过。进站信号机显示一个黄色闪光灯光和一个黄色灯光，机车信号机显示双黄闪灯光，装置监控列车以不超过该道岔侧向规定速度通过道岔，并按次一架信号机的显示监控列车运行。

（7）列车运行中，司机在确认地面信号为进行信号后，方可使用特定操作解除装置的控制。对上述第 2、4 项，装置解除对次一信号机显示的控制时，列车运行到该信号机前，应确认地面信号机的显示，发现显示禁止信号时，应立即采取停车措施，防止列车越过该信号机。

九、重联机车及列车后部补机

机车担当补机任务，应将“本补切换装置”置于补机位，装置保留记录功能，取消对列车的控制功能。未安装“本补切换装置”的机车，应关闭补机和非操纵端的装置。重联机车及列车后部补机转为本务牵引时，应将“本补切换装置”置于本务位，恢复装置的正常监控功能。补机运行时的显示界面如图 2.44 所示。

“本补切换装置”的操作，须在机车停车时进行。

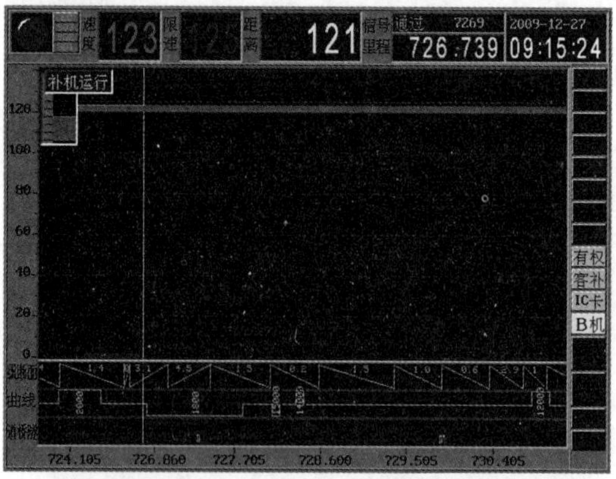

图 2.44　补机运行的显示界面

十、防止机车动轮弛缓

列车运行中，装置在正常监控状态，列车管未实施减压，机车制动缸压力达到 50 kPa，且持续时间超过 2 min 后，装置会语音提示“注意迟缓”。

装置语音提示“注意迟缓”，司机应立即检查制动缸压力是否正常，消除制动缸压力，装置语音提示停止，若制动缸压力正常，按压【警惕】键停止装置的语音提示。

十一、列车进侧线或支线转移操作

由于车站股道长度和平面布局的影响，列车在站内停车，随走行经路的不同，走行距离差别较大，为保证列车在出站信号机前停车，同时要求列车一次停妥，装置在列车进站信号机前向司机提供输入侧线股道号的条件，若输入的股道号无效或不输入，则装置按该站停车的最短走行径路进行控制。另外，线路设有线路分支时，装置向司机提供输入列车走行线路的条件的功能，列车需在进入支线运行前，进行输入支线号的操作。

1. 侧线股道号输入操作

（1）列车进站停车，要求输入侧线股道号时，会有语音提示“输入侧线号”，显示屏“侧线”灯点亮，并弹出输入侧线号窗口，提供 15 s 的输入侧线股道号时间。输入侧线股道号如图 2.45 所示。

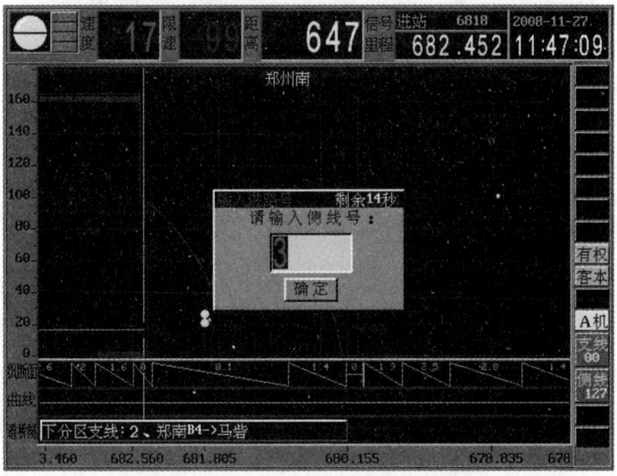

图 2.45 输入侧线股道号界面

（2）根据车机联控车站值班员指明的站内停车或通过股道，输入股道号，并按压【确认】键。

（3）输入侧线号窗口消失后，可按压【进路号】键重新弹出输入侧线号窗口，输入侧线股道号并按压【确认】键，若输入数字错误，在按压【确认】键前，使用【←】键删除数字，重新输入。

（4）对于一站多场的车站，连续两个场均需要输入侧线数据时，距前方信号机距离大于 200 m 时修改侧线号，仅对本场的股道号有效；距前方信号机距离小于 200 m 时修改侧线号，仅对下一场的股道号有效。

（5）在接车发车进路信号机（装置显示类型为进出站）前，装置设定完毕后按压【开车】键，可输入前方分区的侧线股道号。

（6）交流计数区段进站前，机车信号显示黄色灯光，应按规定输入侧线股道号，若输入正线股道，装置按列车进正线的速度控制。

（7）当不满足输入或修改侧线股道条件时，侧线提示灯显示为黑色底面黄色字体的股道信息。

2. 支线选择操作

（1）允许选择支线时，显示屏“支线”灯点亮，需要输入支线时，按压【进路号】键，弹出输入支线号的显示界面如图 2.46 所示。

（2）根据列车走行径路，在窗口中输入支线号，并按压【确认】键。

（3）若输入数字错误，在按压【确认】键前，使用【←】键删除数字，再重新输入。

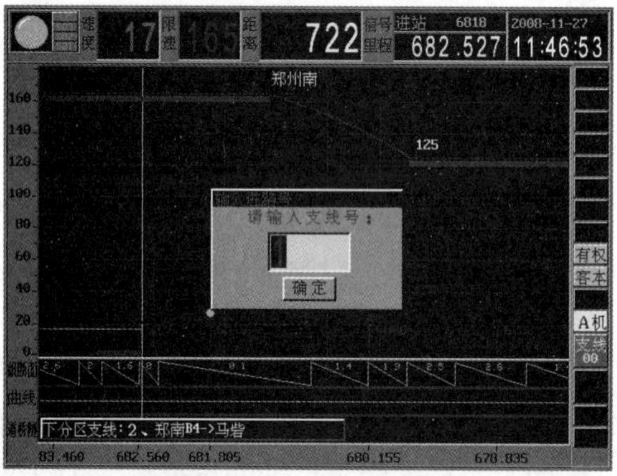

图 2.46 输入支线号界面

3. 支线、侧线同时存在时的操作

在同一分区，允许同时进行选择侧线号、支线号的操作时，显示屏“侧线”和“支线”指示灯同时点亮，语音提示“输入侧线号”，自动弹出“输入侧线号”窗口，如图 2.45 所示。按要求输入侧线号或等待 15 s 后，才能进行支线选择操作，操作方法是按压【进路号】键，弹出侧线输入在上、支线输入在下的窗口，可进行先输入侧线号的操作，侧线号输入完毕后光标自动移到支线号输入窗口，再输入支线号，若只输入支线号时，直接按【↓】键，将光标移动到支线输入窗口输入支线号。输入支线、股道号的显示如图 2.47 所示。

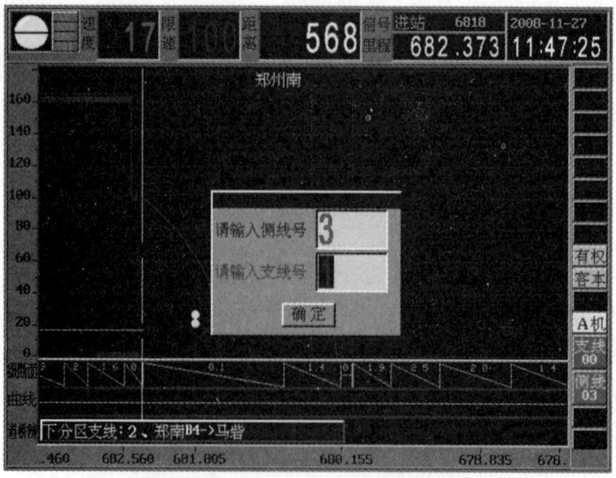

图 2.47 输入支线、股道号界面

4. 输入侧线股道号或选择支线时注意

（1）支线号可以提前一个分区输入，但装置不自动弹出输入窗口，应手动调出支线输入提示窗口。

（2）分区内一旦手动输入过支线号，即使本分区存在自动转移的支线，也不再进行自动转移。

十二、走行距离误差的修正

信号机间的距离数据存储在装置中，列车运行过程中，装置依次调用存储的信号机距离数据并与列车实际位置相比较，以递减的方式计算列车距前方信号机的距离。由于各种原因，列车实际走行距离与装置存储的信号机距离发生误差，列车通过信号机时，装置瞬间计算的两距离误差称过机误差。过机误差对装置准确控制列车的安全运行有巨大影响，应及时进行修正。

按用列车实际走行距离与装置存储距离相比较的方式，过机误差分为“滞后误差”和“超前误差”:

（1）滞后误差：列车通过信号机时，装置计算得到列车距前方信号机仍有余量，过信号机一段距离后才递减到“0”。此种递减显示到“0”的时机出现在信号机实际位置之后的误差称为过机滞后误差。

（2）超前误差：机车实际位置距信号机还有一段距离，但装置计算得到距前方信号机距离已为“0”。此种递减显示到“0”的时机出现在信号机实际位置之前的误差称为过机超前误差。

在自动闭塞区段，当装置计算列车距前方信号机距离≤50 m 时，机车信号由黄灯变为红黄灯、白灯或由双黄灯变为红黄灯、白灯时，装置自动解除对当前信号机的停车控制功能，并将计算的剩余距离消除，将次一信号机的距离作为监控列车运行的条件。

无论在自动闭塞还是半自动闭塞区间，当过机误差值较大时，须采用人工校正的方法解决：

（1）出现滞后误差时，机车接近信号机时按一次【车位】键，在通过信号机的瞬间再按一次【向前】键，装置清除剩余距离，调出前方分区距离。

（2）出现超前误差时，机车接近信号机时按一次【车位】键，在通过信号机的瞬间再按一次【向后】键，装置将重新调用当前分区的距离。

（3）当超前误差或滞后误差距离小于 300 m 时，在机车通过信号机的瞬间，按压【自动校正】键，不论是滞后还是超前误差，装置都会进行自动校正。

进行人工校正过机误差时，两次按键间隔时间不得超过 5 s。超前误差最大调整距离为 300 m。停车信号前、站内侧线停车、显示屏出现临时限速窗口等情况时，人工校正无效。

十三、信号突变

（1）机车信号由绿灯、绿黄灯、黄 2 灯、黄 2 闪灯、双黄闪灯突变为白灯时，允许列车按规定的速度越过对应的地面信号机。列车通过对应的地面信号机后，机车信号仍显示白灯，按地面信号显示停车信号监控列车运行。

（2）采用速度分级控制时，当装置计算列车距前方信号机距离小于 600 m 时，机车信号由绿灯、绿黄灯、黄 2 灯、黄 2 闪灯突变为黄灯（不含双黄灯），装置以机车前方 1 000 m 处为虚拟的黄灯作为速度控制目标点。

（3）在自动闭塞区段，当装置计算列车距前方信号机距离小于 50 m 时，机车信号由黄灯变为红黄灯、白灯或由双黄灯变为红黄灯、白灯时，装置自动消除本架信号机剩余距离，调用次一架信号机的距离，按次一信号机的显示要求监控列车运行；在半自动闭塞区段，当装置计算出列车距前方信号机距离小于 100 m 时，机车信号由黄灯变为红黄灯、白灯或由双黄灯变为红黄灯、白灯，装置持续发出“信号突变”的语音提示，司机按压【警惕】键后语音提示停止，并解除装置对当前信号机的停车控制功能，按次一信号机的显示要求监控列车运行。

（4）无论自动闭塞还是半自动闭塞区段的进、出站信号机，机车信号由绿灯或绿黄灯突变为红黄灯时，不考虑距离条件，装置立即启动紧急制动控制。

（5）机车信号为灭灯、多灯，按停车信号控制。

（6）机车信号为一个红色灯光时，装置按停车信号控制。

十四、巡检操作

列车运行途中，乘务员需要进行机车后部巡检时，在机车操纵端按压一次【巡检】键，巡检到非操纵端时按压一次【巡检】键，返回操纵端后，再按压一次【巡检】键，完成巡检操作。

按压【巡检】键时，“巡检”指示灯点亮，4 s 后自动熄灭。

十五、定标操作

列车运行中，按压【定标】键，装置记录此刻的公里标及时间，此操作产生的记录仅作为运行数据处理的查找标记。

十六、速度传感器主、备通道的手动切换

列车运行中，发现速度传感器故障，装置不能自动判别和切换速度传感器通道时，应采用手动的方法切换，操作方法如下：

按压【设定】键，进入参数设定状态。装置参数设定的显示如图 2.48 所示。

通过【←】键移动光标到“4 主速度”，按压【确认】键（或直接按压数字键【4】），弹出速度切换确认界面，移动光标到“确定”位置，按压【确认】键，即可完成主、备速度传感器通道的切换。速度传感器确认的显示如图 2.49 所示。

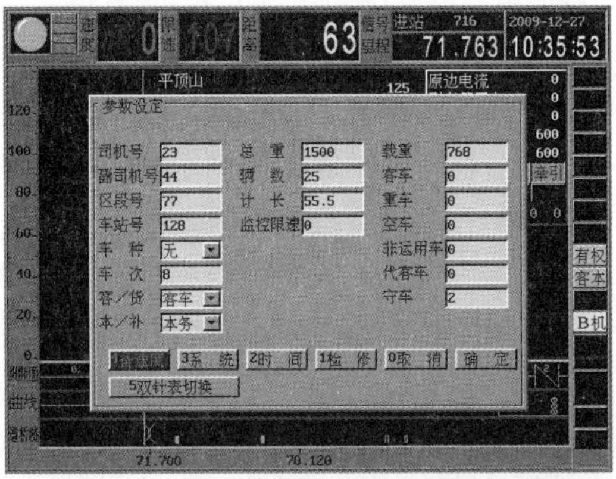

图 2.48 监控装置参数设定界面

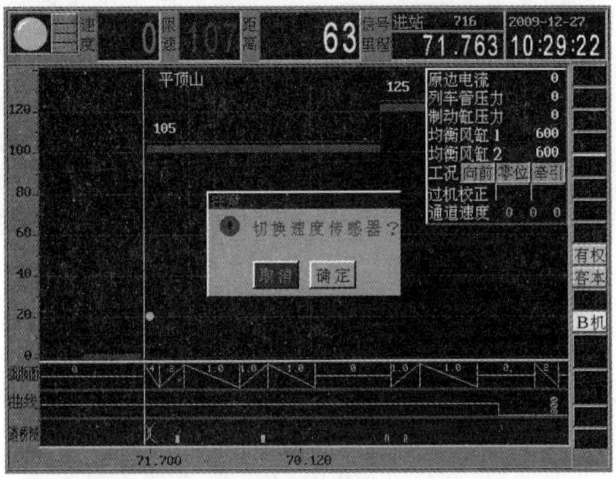

图 2.49 速度传感器确认界面

十七、警惕功能

装置在通常监控状态下，具备警惕语音提示的功能。警惕功能包括两个子功能，一个是进站信号机确认的语音提示功能，另一个是按时间计算的周期语音提示功能。

（一）进站信号机确认功能

（1）列车运行前方信号机为进站信号机、进出站信号机，且次一信号机为出站或进出站信号机时，装置发出 2 次“请确认信号”的语音提示。司机听到语音提示后，应在进站信号机前按压操纵端“警惕”按钮进行应答。

（2）列车越过进站信号机前，司机未按压操纵端“警惕”按钮，列车越过该信号机后，装置显示屏弹出倒计时提示窗口（见图 2.50），从 20 s 开始倒计时，倒计时到 10 秒时伴以“呜呜”报警声，倒计时到“0”时实施卸载和常用制动控制，减压 80 kPa（不具备常用制动控制的机车，实施卸载和紧急制动控制），装置发出卸载和制动指令，列车停止后，按压【缓解】键方能解除卸载和常用制动指令（不具备常用制动控制的机车，停车后自动解除卸载和紧急制动指令)，报警声持续至装置制动指令解除。

在倒计时过程中，装置检测到下列信息之一时，就会终止本次进站信号机确认控制过程：

① 按压司机操纵端“警惕”按钮。

② 列车管减压 50 kPa 及以上（以按开车键时的列车管压力为基准，下同)。

③ 机车制动缸压力≥50 kPa。

④ 机车手柄发生卸载或加载的变化。

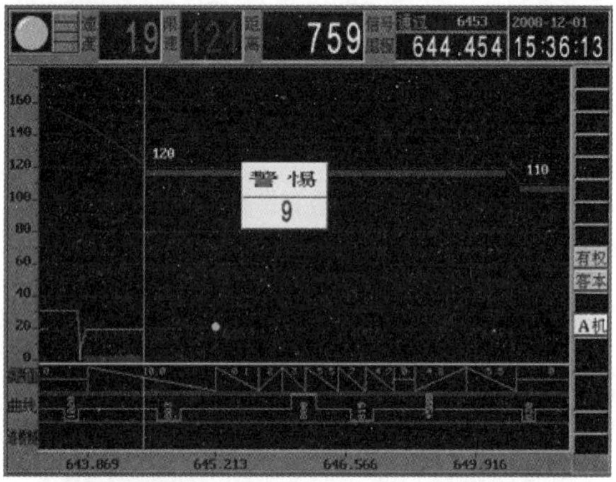

图 2.50 警惕功能倒计时窗口

(二) 周期语音提示功能

装置在通常状态下，列车速度大于 5 km/h 后，装置开始计时，在 120 s 内，未发生如下任一变化时，将会启动周期语音提示功能：

① 列车管减压 50 kPa 及以上。

② 机车制动缸压力大于等于 50 kPa。

③ 机车手柄发生卸载或加载的变化。

④ 列车速度小于 3 km/h。

启动周期语音提示功能后，显示屏弹出提示窗口，并从 20 s 开始倒计时，倒计时到 10 s 时伴以“呜呜”报警声，如果在倒计时 20 s 内未按压司机操纵端”警惕”按钮进行应答，倒计时到“0”时实施卸载和常用制动控制，减压 80 kPa（不具备常用制动控制的机车，实施卸载和紧急制动控制)，装置发出卸载和制动指令，列车停车后，按压【缓解】键方能解除卸载和常用制动指令（不具备常用制动控制的机车，停车后自动解除卸载和紧急制动指令)，报警声持续至装置制动指令解除后停止。

装置在计算 120 s 的周期语音提示时间时，发生如下任一变化，装置将会重新计时：

① 列车管减压 50 kPa 及以上。

② 机车制动缸压力≥50 kPa。

③ 机车手柄发生卸载或加载变化。

④ 列车速度小于 3 km/h 后再加速。

装置启动周期语音提示功能后，进入 20 s 倒计时过程中发生如下任一变化时，提示窗口关闭，装置重新进行 120 s 计时：

① 按压司机操纵端"警惕"按钮。

② 列车管减压 50 kPa 及以上。

③ 机车制动缸压力≥50 kPa。

④ 机车手柄发生卸载或加载变化。

（三）警惕按钮的出段检查

按压【出/入库】键，装置进入出入段工作状态且机车速度为"0"时，持续按压操纵端"警惕"按钮 3 s，启动警惕报警；当松开"警惕"按钮后，警惕报警结束。机车另一端按同样的方法进行检查。

（四）注意事项

(1) 进站信号机前，若装置在计算周期语音提示计时达到 100 s，进行了进站信号机确认，随后经过 20 s 仍启动"周期语音提示功能"并弹出提示窗口，须再次确认。

(2) 当进站信号机确认功能和周期语音提示功能均满足启动条件时，倒计时过程按照先启动的进行计算。

(3) 列车运行中"警惕"按钮故障时，可使用显示屏的【定标】键临时替代"警惕"按钮。

(4) 一旦装置发出制动控制指令，必须在列车停车后才能将其解除（若发出常用制动控制指令，还必须按压【缓解】键才能解除常用制动指令）。

十八、调车作业

调车作业分为普通调车和平面调车两种。平面调车是装置和平面调车灯显设备相连接的配合使用，普通调车是指装置单独使用在调车状态下。平面调车和普通调车的控制方式有差别，特别是语音提示、解除机车牵引力、常用制动、紧急制动的时机不同。装置无论工作在普通调车状态还是平面调车状态，均不再按机车信号信息监控机车运行。

（一）普通调车

(1) 进入调车状态：在机车停车状态下，按压【调车】键，装置进入调车状态。

(2) 装置在调车状态下，机车实际运行速度≥38 km/h 时语音提示，运行速度≥39 km/h 时解除机车牵引力，运行速度≥41 km/h 时实施常用制动控制，运行速度≥44 km/h 时实施紧急制动控制。

(3) 退出调车状态：装置在调车状态下，无论有无速度，只要按压【调车】键，即退出调车状态。

(4) 中间站调车作业完成后应于开车前退出调车状态，若发现距离错误且无法校正时，应重新进行参数设定，其中设定车站号时，应先输入本交路中的其他车站号，再修改为本车站号。

（二）平面调车

（1）和平面调车装置配合使用时，装置按平面调车信号控制。平面调车信号分为控制类和非控制类：控制类信号延迟一定时间和距离后，控制出口限速，非控制类信号只记录不改变原限速。控制类信号又分三类，紧急停车信号，停车类信号，非停车类信号。

① 紧急停车信号：收到紧急停车信号，机车速度不为“0”，装置立即发出紧急制动指令。

② 停车类信号：包括一般停车和故障停车信号，故障停车信号为平面调车信号中断，要求司机在一定时间内停车，否则装置发出停车指令。一般停车信号分为下面几种情况：

• 溜放停车信号：未收到十、五、三车信号，装置直接收到溜放信号，要求司机在一定时间内停车，否则装置发出停车指令。

• 十、五、三车停车信号：已收到十、五、三车信号，再收到停车信号，要求司机在一定时间内尽快停车，否则装置发出停车指令。

• 普通停车信号：未收到十、五、三车信号和溜放信号，直接收到停车信号，装置对停车时机要求不严格，司机应在一定时间内控制机车停车，否则装置发出停车指令。

③ 非停车类信号：包括推进、起动、连接、溜放、十车、五车、三车信号，收到非停车类信号限速延迟一段距离或立即下降至目标值。

（2）距离、公里标的显示：机车停车时间大于装置设定值时，收到平面调车灯显信号，公里标和距离同时清 0，机车走行中显示累计公里标和距离。

（3）平面调车的速度控制：

① 空线牵引运行时，实际运行速度＝40 km/h 时语音提示，实际运行速度≥41 km/h 时解除机车牵引力，实际运行速度≥43 km/h 时实施常用制动控制，实际运行速度≥45 km/h 时实施紧急制动控制。

② 空线推进运行时，实际运行速度＝30 km/h 时语音提示，实际运行速度≥31 km/h 时解除机车牵引力，实际运行速度≥33 km/h 时实施常用制动控制，实际运行速度≥35 km/h 时实施紧急制动控制。

③ 十、五、三车距离信号的速度控制：

• 十车距离信号：车列走行 50 m 后，速度≥13 km/h 时语音提示；速度≥14 km/h 时，解除机车牵引力；速度≥15 km/h 时实施常用制动控制；速度≥18 km/h 时实施紧急制动控制。

• 五车距离信号：车列走行 20m 后，速度≥8km/h 时语音提示；速度≥9km/h 时，解除机车牵引力；速度≥10km/h 时实施常用制动控制；速度≥13 km/h 时实施紧急制动控制。

• 三车距离信号：车列走行 20m 后，速度≥4km/h 时语音提示；速度≥5km/h 时，解除机车牵引力；速度≥6km/h 时实施常用制动控制；速度≥9km/h 时实施紧急制动控制。

（4）装置与平面调车灯显设备相连的操作：

① 按压【调车】键，使装置进入“调车”状态，然后再打开调车信号接口盒开关。

② 装置在平面调车控制模式状态，不显示机车信号，取消语音提示，装置按平面调车信号进行控制并记录。

（5）平面调车接口盒说明：

① 电源指示灯：灯亮表示调车盒处于工作状态。

② 调车指示灯：灯亮表示输出的是平面调车信号，灯灭表示输出的是机车信号。

③ 转换开关：关闭时装置采集机车信号，打开时装置采集平面调车信号。

（三）尽头线的控制

具备点式控制功能的尽头线，分别安装了 3 套点式设备，第一处距土档 350 m，第二处距土档 50 m，第三处距土档 46～48 m。尽头线路肩处设置三块指示牌，第一点式设备处指示牌标识限速 10 km/h，距离土档 150 m 处的指示牌标识限速 5 km/h，第二点式设备处设置停车指示牌。尽头线点式设备布置如图 2.51 所示。

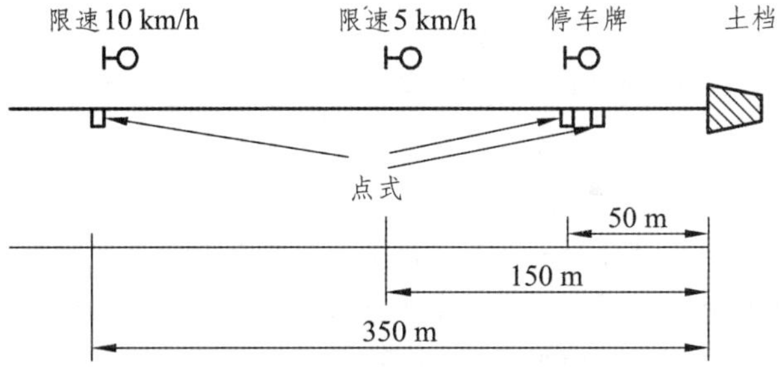

图 2.51　尽头线点式设备示意图

担当调车作业且已安装点式接收装置的机车在尽头线的控制方式为：

（1）机车通过第一处点式设备，速度≥3 km/h 时，装置仅语音提示，不控制放风制动。

（2）若机车速度≥10 km/h，装置语音提示 7 s 后实施紧急制动。如果在语音提示过程中 7 s 内按压【解锁】键，则停止语音提示，并解除装置对机车的停车控制。

（3）当机车通过第一处点式设备走行 200 m，则限速降至 5 km/h，若机车速度≥5 km/h，装置立即控制放风。如果机车速度小于 5 km/h 时，仅语音提示不控制放风，直至停车。

（4）若在非尽头线接收到干扰信号，出现点式设备限速时，应立即按压【解锁】键解除语音提示，防止装置控制放风。

（5）机车在任何速度下，顺序接收到第二、第三点式设备符合要求的脉冲信息时，应立即实施紧急制动。

（6）如果机车牵引的车辆较长，需要通过地面第三处点式设备时，须在该点式设备前停车，再以低于 2 km/h 的速度运行，乘务员应严格掌握机车距土档的距离，防止撞上土档。

第五节　特殊情况下的操作

一、自动闭塞区间行车

（1）自动闭塞分区通过信号机前，机车信号为停车信号时，装置监控列车在该信号机前停车 2 min 后，自动解除停车控制功能。列车起动后，装置监控列车以不超过 20 km/h 的速度越过该信号机并运行至次一架信号机。

（2）在装有容许信号的通过信号机前，机车信号为一个半黄半红色闪光灯光或停车信号时，装置对货运列车自动解除停车控制功能，并监控列车以不超过 20 km/h 的速度越过该信号机并运行至次一架信号机。

二、停止基本闭塞法改用电话闭塞法行车

1. 有计划地改用电话闭塞法行车

乘务员出乘时接到改用电话闭塞法行车的调度命令，并将改用电话闭塞法行车的调度命令写入 IC 卡，输入装置，这被称为有计划地改用电话闭塞法行车。列车运行至改用电话闭塞法行车起始车站的出站信号机或发车进路信号机前，运行速度低于 60 km/h 时，装置显示屏自动弹出“路票输入”窗口，输入路票电话记录号后，将光标移至“确定”位置，按压【解锁】+【确认】键（凡涉及两个及以上键的组合操作均须在 5 s 内完成，下同），装置解除对出站信号机或发车进路信号机和下一站间所有分区通过信号机的停车控制功能。列车运行至下一接车站进站信号机前，装置按其对应的机车信号显示要求监控列车运行。有计划路票输入窗口如图 2.52 所示，输入完成后如图 2.53 所示。

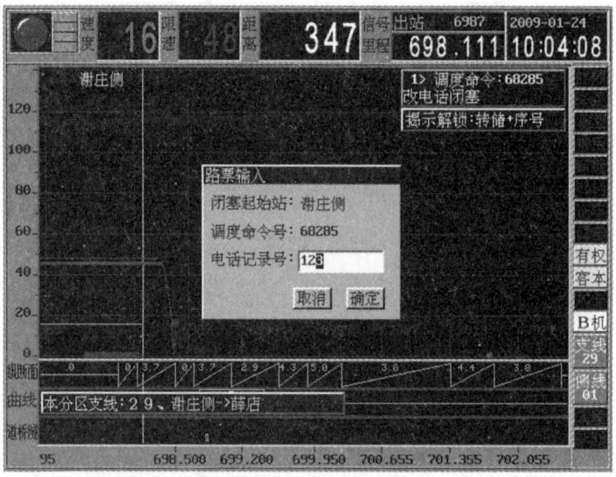

图 2.52　有计划路票输入界面

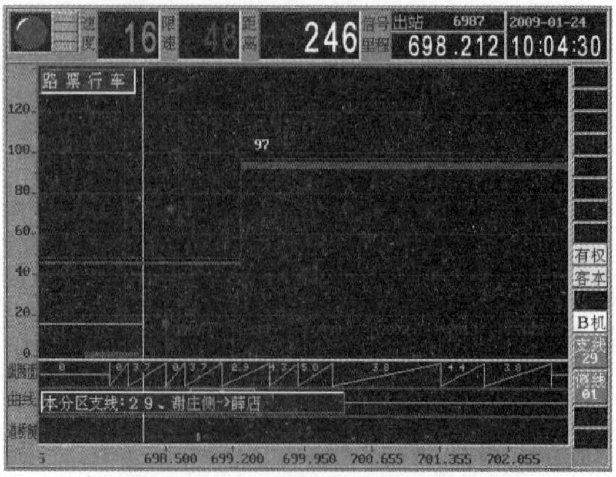

图 2.53　路票输入完成界面

路票输入窗口显示 15 s，若 15 s 内未做任何操作，则窗口消失。窗口消失后，持续按压【↑】键 2 s，进入非正常行车确认窗口，再重新进入路票输入窗口。

2. 临时改用电话闭塞法行车

乘务员出乘时未接到改用电话闭塞法行车的调度命令，或装置中未存储改用电话闭塞法行车的记录，列车运行中接到停用基本闭塞法，改用电话闭塞法行车的调度命令，称为临时改用电话闭塞法行车。在临时改用电话闭塞法行车的起始车站出站信号机或发车进路信号机前停车后，司机持续按压【↑】键 2 s，装置显示屏弹出“非正常行车确认”窗口（见图 2.54），司机将光标移至“路票”位置，按压【确认】键后，显示屏弹出“路票输入”窗口（见图 2.55），输入调度命令和路票电话记录号，将光标移至“确定”位置，按压【解锁】+【确认】键，装置解除对出站信号机或发车进路信号机和下一站间所有分区通过信号机的停车控制功能。列车运行至下一接车站进站信号机前，装置按其对应的机车信号显示要求监控列车运行。

列车在停用基本闭塞法改用电话闭塞法行车的区间，对客运列车，装置按该次列车在对应区间最高允许速度的 80%自动调整固定模式限速值监控列车运行，该区间限速值低于上述取值的按较低值控制；对货运列车，按规定速度监控列车运行。

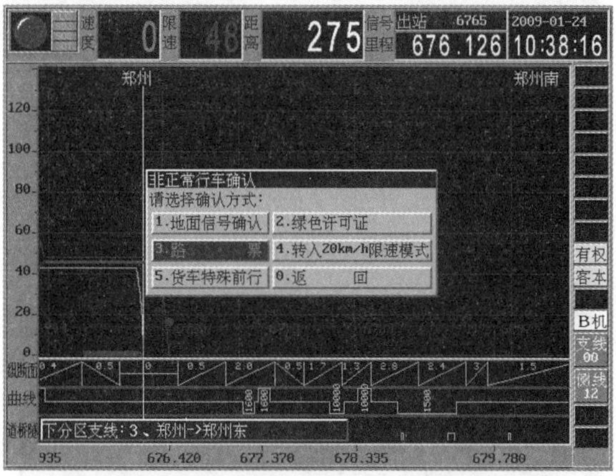

图 2.54　非正常行车确认界面

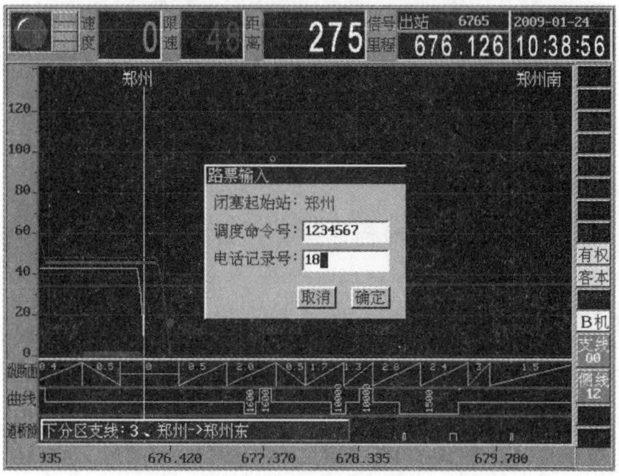

图 2.55　临时路票输入界面

三、使用绿色许可证发车

1. 有计划使用绿色许可证发车

乘务员出乘时接到使用绿色许可证发车的调度命令，并将使用绿色许可证发车的调度命令写入 IC 卡，输入装置，称为有计划使用绿色许可证发车。列车运行至使用绿色许可证发车的出站信号机或发车进路信号机前，速度低于 45 km/h 时，装置显示屏弹出“绿色许可证输入”窗口（见图 2.56），并显示调度命令号，司机输入绿色许可证编号后，按压【解锁】+【确认】键，装置解除对该出站信号机或发车进路信号机前的停车控制功能，监控列车以不超过 45 km/h 的速度通过出站道岔。绿色许可证发车输入完成界面如图 2.57 所示。

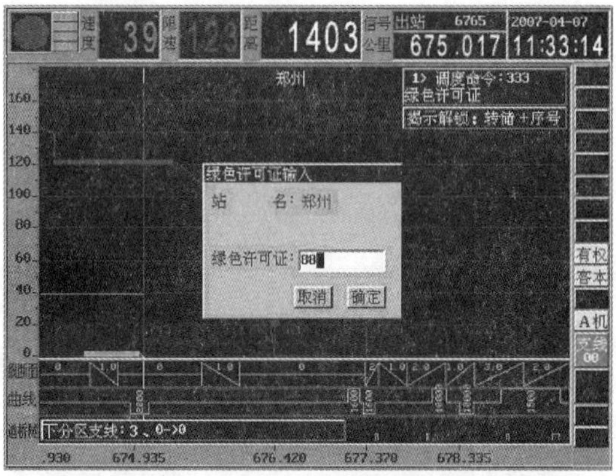

图 2.56 绿色许可证发车输入界面

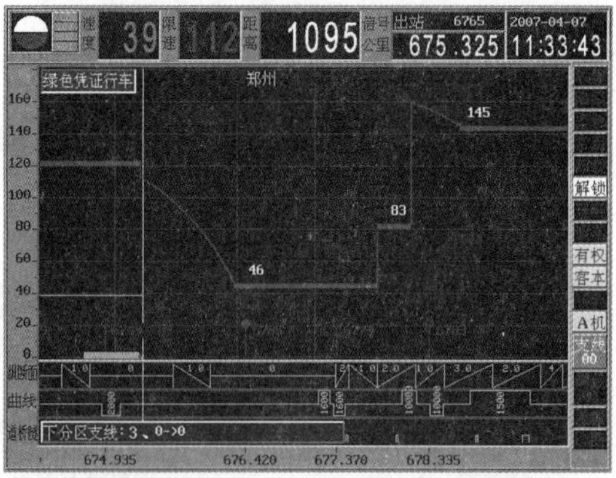

图 2.57 绿色许可证输入完成界面

2. 临时使用绿色许可证发车

乘务员出乘时未接到使用绿色许可证发车的调度命令，或装置中未存储使用绿色许可证发车的记录，列车运行中接到使用绿色许可证发车的调度命令或通知，称为临时使用绿色许可证发车。列车运行至临时使用绿色许可证发车的出站信号机或发车进路信号机前停车后，司机持续按压【↑】键 2 s，装置显示屏弹出“非正常行车确认”窗口，司机将光标移至“绿色许可证”位置，按压【确认】键，显示屏弹出“绿色许可证输入”窗口（见图 2.58），输入绿色许可证编号，按压【确认】键，显示屏右上角显示刚输入的绿色许可证编号（见图 2.59），按压【解锁】+【确认】键后，装置解除在该信号机前的停车控制功能，监控列车以不超过 45 km/h 的速度通过出站道岔。按压【绿色许可证】键后行车界面如图 2.60 所示。

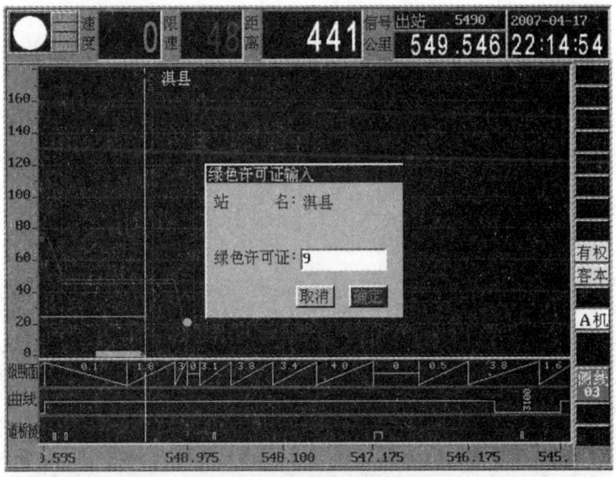

图 2.58　绿色许可证输入界面

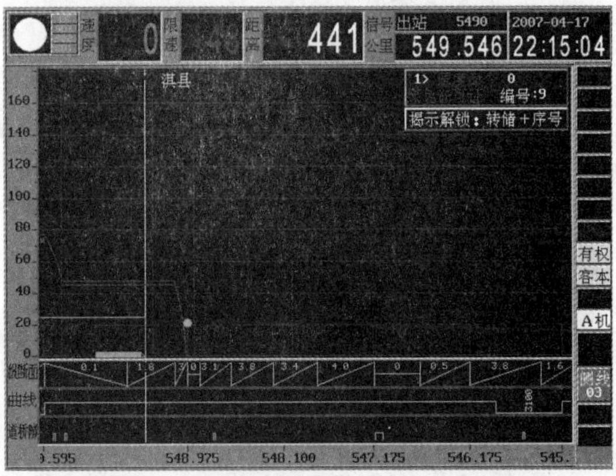

图 2.59　绿色许可证输入完成界面

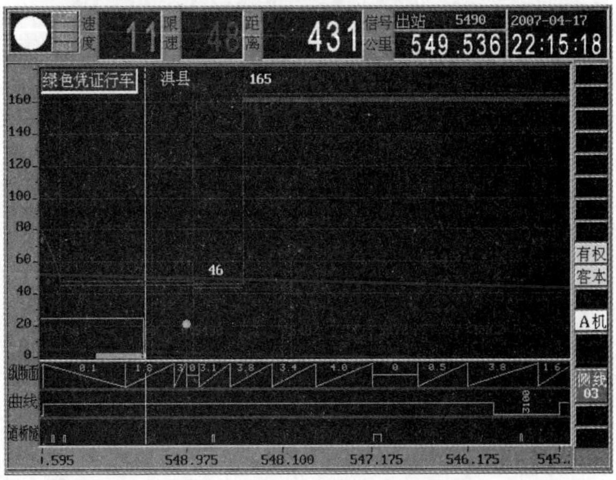

图 2.60　绿色许可证运行界面

四、特定引导接车

乘务员出乘时，接到采用特定引导接车的通知，须将使用特定引导接车的调度命令写入IC卡，输入装置。

列车运行至特定引导接车的进站信号机（接车进路信号机或四显示区段的分割信号机）前，速度低于60 km/h，司机确认特定人工引导手信号显示正确后，按压【开车】+【解锁】键，装置解除对该信号机前的停车控制功能，并监控列车以不超过60 km/h的速度越过该信号机。

特定手信号引导接车确认界面如图 2.61 所示，特定手信号引导接车确认完毕界面如图 2.62 所示。

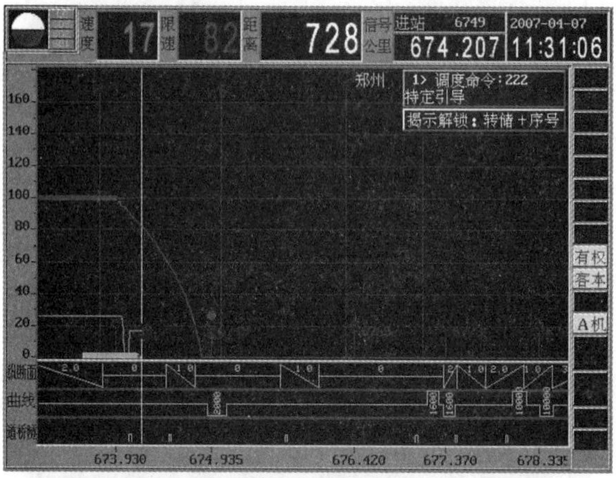

图 2.61　特定手信号引导接车确认界面

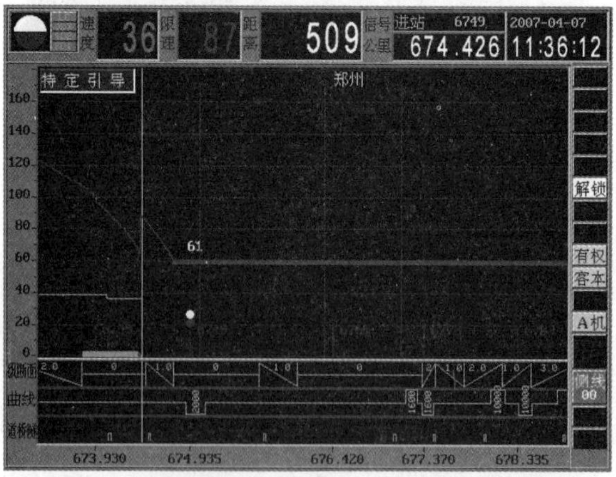

图 2.62　特定手信号引导接车确认完毕界面

五、通过发码特殊信号机的操作

(1) 对站内轨道电路无码，且装置地面线路数据文件中第一离去信号机已被设置为“一离去发码特殊信号机”的，列车越过出站信号机后，运行速度降于45 km/h以下，装置提供解除机车信号为一个白色灯光的停车控制条件，按压【解锁】键，监控列车以不超过固定模式限速值的速度越过该第一离去信号机。

（2）列车在场间运行，装置地面线路数据文件中已将进路信号机或出站信号机预先设置为“场间无码特殊信号机”的，列车运行速度不得超过 45 km/h，装置提供解除机车信号为一个白色灯光的停车控制条件，按压【解锁】+【确认】键后，监控列车以不超过固定模式限速值的速度越过该进路信号机或出站信号机。发码特殊信号机显示界面如图 2.63 所示。

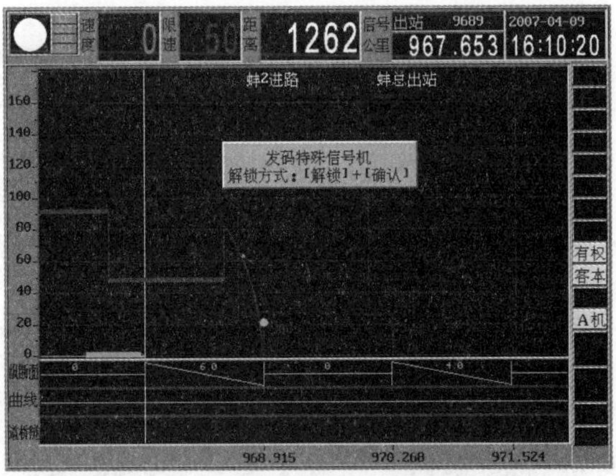

图 2.63　发码特殊信号机显示界面

六、解除监控装置存储的运行揭示

乘务员出乘时通过 IC 卡将运行揭示存储在装置中，当列车运行过程中接到新的调度命令取消前发运行揭示时，可采用下述方法解除存储在装置中的运行揭示控制：

（1）列车运行中，揭示信息提示框在距离揭示控制点前 4 000 m 处弹出。司机接到取消前发运行揭示改用电话闭塞法或绿色许可证行车的调度命令，确认需取消的运行揭示序列号后，按压【转储】键，再按压与揭示序列号对应的数字键，显示屏弹出应解除的运行揭示窗口，输入新发调度命令号，将光标移至“确定”位置，按压【确认】键，即取消了该条前发运行揭示，装置解除对该运行揭示的控制。

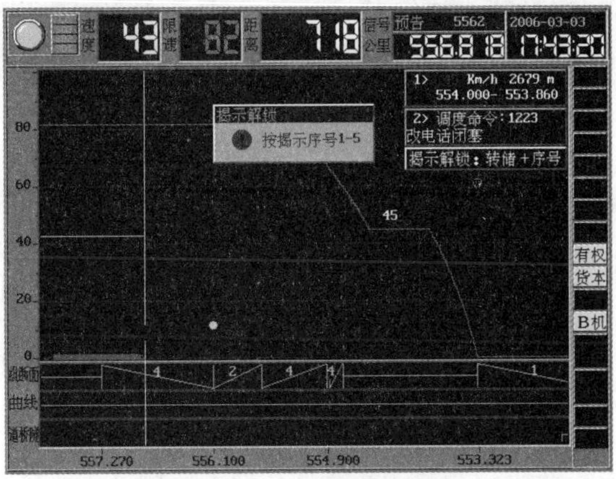

图 2.64　揭示解锁提示界面

以图 2.64 揭示解锁提示界面为例，当显示屏弹出“揭示解锁”窗口，显示屏右上角显示命令号为 1223，前方“圃田”车站改按电话闭塞的运行揭示，同时显示前方 554.000-553.860 处有 45 km/h 的临时慢行，序号 1 为临时慢行，序号 2 为改为电话闭塞，若取消前发揭示的 1223 改为电话闭塞揭示，则按压【转储】键，再按压【2】键，输入新发调度命令号（见图 2.65），将光标移至“确定”位置，按压【确认】键，即取消前发改按电话闭塞的调度命令，取消后的运行界面如图 2.66 所示。

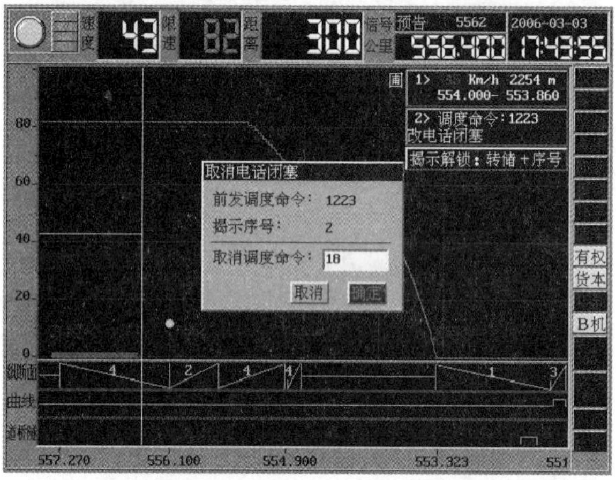

图 2.65　取消调度命令输入界面

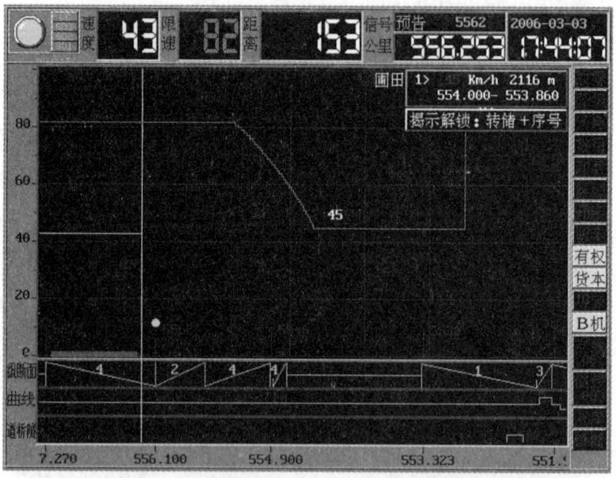

图 2.66　取消调度命令后的运行界面

（2）当列车距离临时慢行地点 4 000 m 时，显示屏显示临时速度限制线，装置用语音进行提示的同时，显示屏右上角显示临时慢行揭示，司机接到取消前发临时限速的调度命令，按压【转储】键，再按压与临时慢行序列号对应的数字键，显示屏弹出要求输入取消临时慢行调度命令号的窗口，输入新发调度命令号，将光标移至“确定”位置，按压【确认】键，取消前发临时慢行揭示，装置解除对该临时慢行的控制。

仍以图 2.66 为例，若要取消限速 45 km/h 的临时慢行，则按压【转储】键，再按压【1】键，输入新发调度命令号，将光标移至“确定”位置，按压【确认】键，限速 45 km/h 的临时慢行即被取消。

(3) 列车停车时，司机接到取消前发运行揭示的调度命令后，可通过揭示查询的方式取消前发运行揭示。方法为：

① 司机按压【查询】键，显示屏进入查询选择界面，如图 2.67 所示。

② 按压数字键【3】或将光标指向“全部揭示”时按压【确认】键，显示屏显示全部揭示。

③ 按压数字键【1】键，或使用【←】【→】键将光标指向“选择”位置，按压【确认】键，进入选择状态。

④ 使用【↑】【↓】键将光标指向需要解除的运行揭示，按压【确认】键选中该揭示（如图 2.68 中选中的第一条——京广线谢庄站的特定引导）。

⑤ 按压数字键【3】，或使用【←】【→】键将光标指向“解锁”，按压【确认】键，显示屏弹出新发调度命令号输入窗口（见图 2.69）。

⑥ 输入新发调度命令号后，按压【确认】键，将光标指向“确定”，再次按压【确认】键，窗口显示“取消揭示成功”，即解除该条运行揭示。取消的揭示以红色栏目进行标记（见图 2.70）。

⑦ 重复上述操作可解除其他揭示。

⑧ 将光标指向“返回”位置，按压【确认】键，两次按压【0】键，装置返回监控状态。

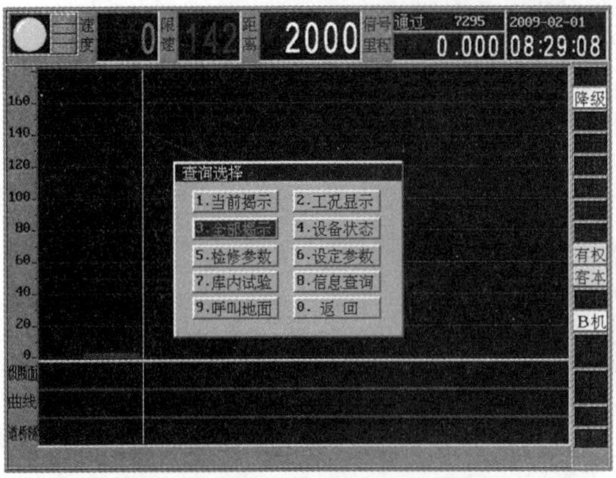

图 2.67　查询选择界面

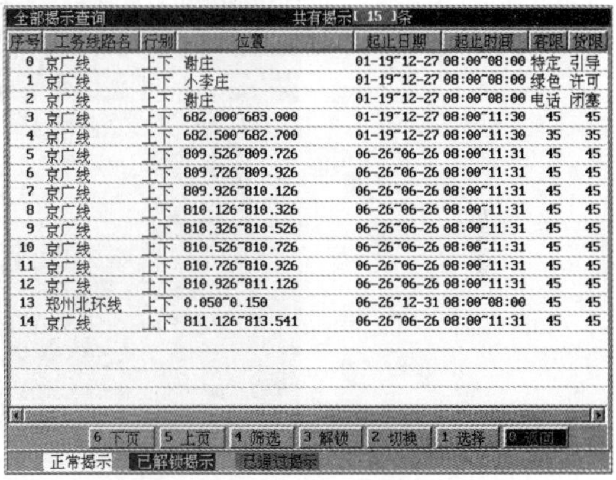

图 2.68　全部揭示显示界面

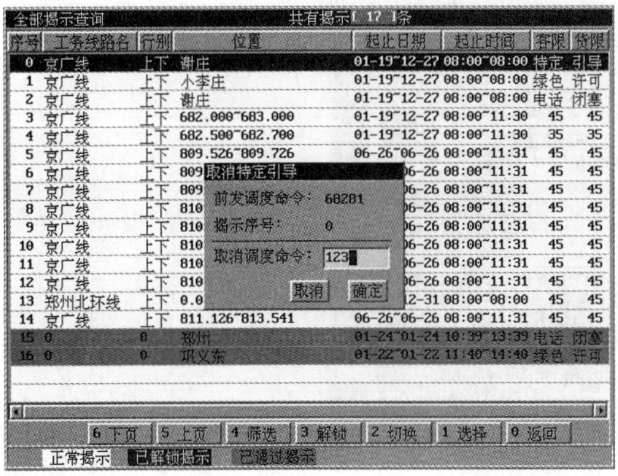

图 2.69　取消第三条揭示输入命令窗口

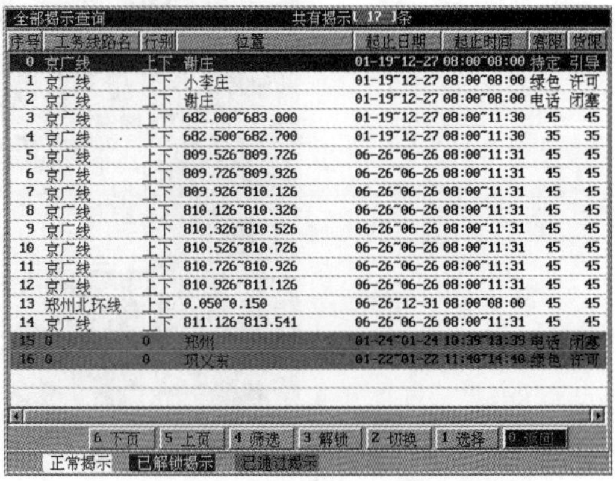

图 2.70　第三条运行揭示解除界面

七、机车信号故障运行

（1）机车信号出现以下情况时，视为机车信号故障：

① 机车信号持续灭灯或频繁闪灭。

② 连续两个闭塞分区，机车信号显示白灯或频繁“掉白灯”。

③ 机车信号连续显示与地面显示不符的“红/黄”“红”灯。

④ 机车信号出现升级的显示。

（2）机车信号故障，司机应先让列车停车，再将装置转为“20 km/h 限速模式”，操作方法如下：

持续按压【↑】键 2 s，显示屏弹出“非正常行车确认”窗口（如图 2.71），将光标移至“转入 20 km/h 限速模式”位置，按压【确认】键后，装置即转为“20 km/h 限速模式”。转为 20 km/h 限速模式后，装置不再按机车信号显示监控列车运行。停车 2 min 后，监控列车以不超过 20 km/h 的速度运行到前方车站出站信号机前停车。“20 km/h 限速模式”确认界面如图 2.72 所示，“20 km/h 限速模式”运行如图 2.73 和图 2.74 所示。

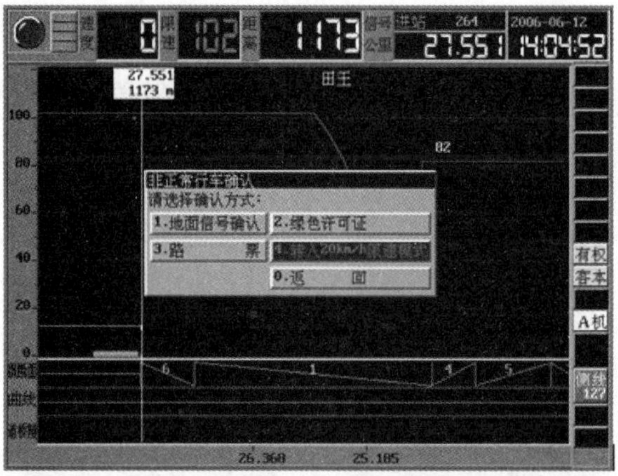

图 2.71　非正常行车确认界面

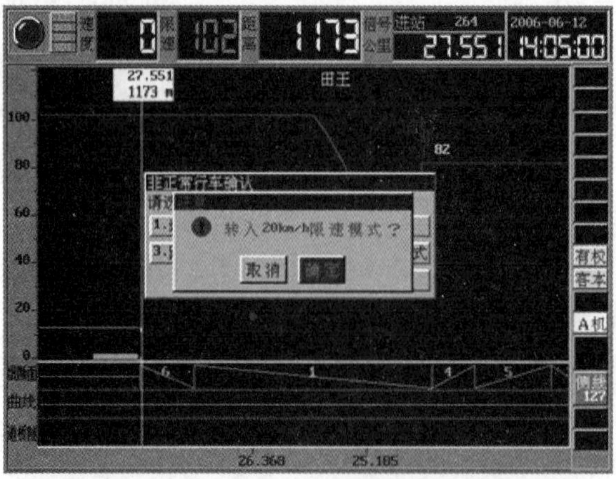

图 2.72　“20 km/h 限速模式”确认界面

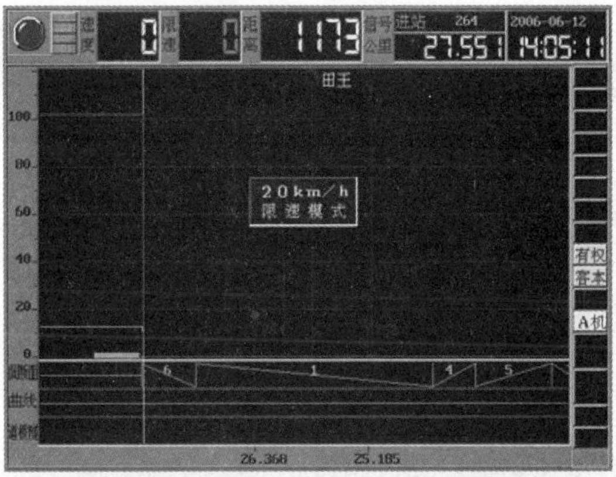

图 2.73　“20 km/h 限速模式”运行界面

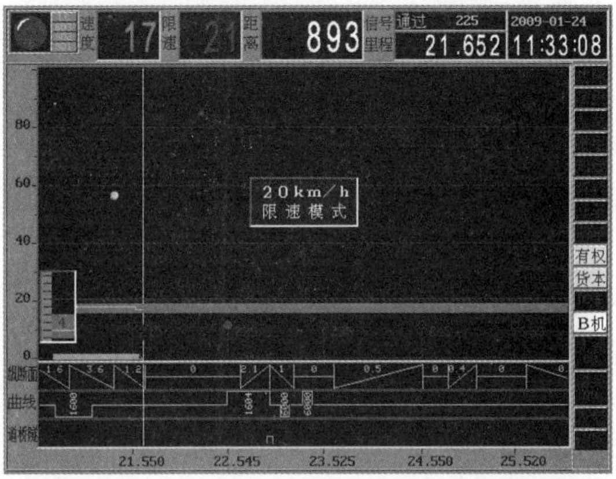

图 2.74　“20 km/h 限速模式”运行界面

装置转入“20 km/h 限速模式”后，需解除该模式时，必须在列车运行到下一车站内（线路所除外）停车后才能进行解除工作。按压显示器【↑】键 2 s，显示屏弹出“非正常行车确认”窗口（见图 2.75），将光标移至“4.转出 20 km/h 限速模式”位置，按压【确认】键后，弹出“转出 20 km/h 限速模式”确认窗口（见图 2.76），将光标移动至“确认”位置，按压【确认】键后，退出“20 km/h 限速模式”，进入降级状态。

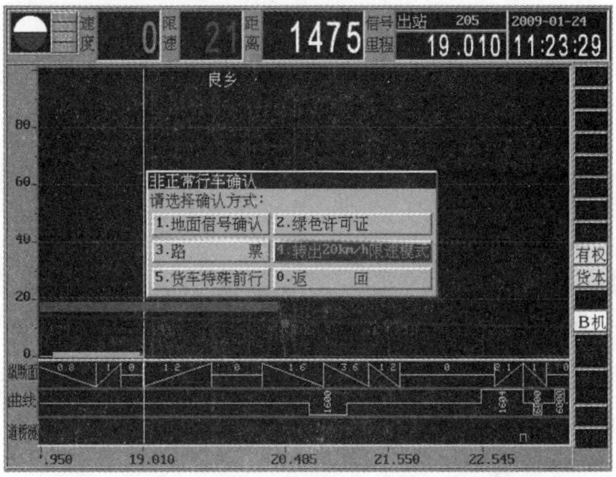

图 2.75　转出 20 km/h 非正常行车确认界面

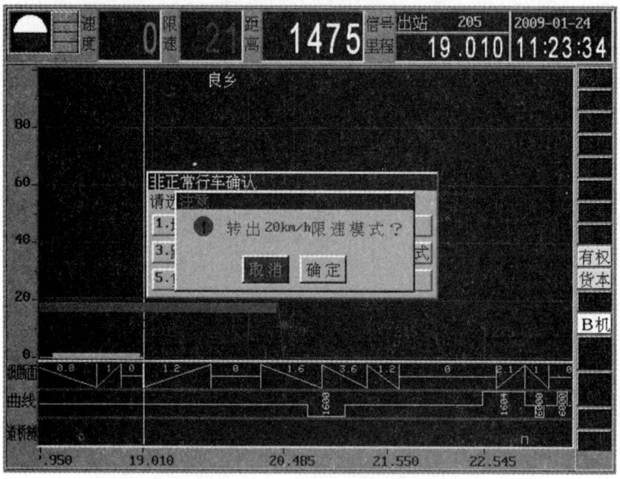

图 2.76　转出 20 km/h 确认界面

八、列车反方向运行

列车在双线双方向区段反方向运行时，按照停用基本闭塞法改用电话闭塞法行车的办法操作装置，其中显示屏提示输入“电话记录号”时，统一输入“99”。

九、系统故障的处理操作

操作目的：当 A、B 机都发生系统故障时，装置将通过“蜂鸣器”报警，同时持续 3 分钟，如果乘务员在 3 min 内未采取关机措施将实施紧急排风。

操作方法：确认系统故障，“蜂鸣器”报警，乘务员必须在 3 min 内切除监控装置电源。

十、显示器故障切换操作

当两块通用屏幕显示器（同一司机室内）中的任意一个发生故障时，另一个正常工作的显示屏应该以显示监控信息为主。

① 要求司机将多路转换开关转换到非故障显示屏（如左屏故障，应将转换开关扳向右屏；反之，扳向左屏）。

② 如果故障屏为监控信息显示屏，机车故障诊断显示屏应立即调用监控信息显示程序，显示监控信息。同时在状态指示框的最下面，“诊断”指示灯点亮。

③ 如果故障屏为机车故障诊断显示屏，监控显示屏应继续显示监控信息。同时在状态指示框的最下面，“诊断”指示灯点亮。

第六节　常见故障应急处理

一、故障处理的一般方法：部件替换法

在现场实际工作中，为了迅速找出故障源，恢复监控装置的正常工作，通常都采用替换法。也就是说将工作正常的部件（良好备品）替代装置中相应的问题部件。

LKJ2000 型监控装置中可以进行替换的部件有：

——监控记录插件
——地面信息处理插件
——通信插件
——模拟量输入/出插件
——数字量输入插件
——数字量输入/出插件
——电源插件
——事故状态记录器
——主机箱
——压力传感器
——速度传感器
——显示器

更换时，先将插件拔出，然后重插一次，观察故障现象是否消除。如已消除，说明原因是插件（或连接器）接触不良。如未消除就替换相应的部件。替换后故障消除则说明被替换下来的部件已损坏或性能下降。

二、常见故障应急处理

1. 监控主机故障

故障现象：彩屏显示器故障灯亮，同时彩屏显示器的“蜂鸣器”报警。

应急处理方法：必须在 3 min 内关闭监控主机电源，否则将实施紧急制动。

2. 监控主机开机后插件面板指示灯不能正常显示

此种现象多为插件不能正常自检，有 CPU 的插件，应重点检查 CPU 及周围电路或写入程序；没有 CPU 的插件，要重点检查错误指示的相应通道电路。

应急处理方法：

(1) 检查插件指示灯指示情况。

(2) 更换相应插件。

（3）更换主机箱。

3. 彩屏显示器故障

故障现象：黑屏、白屏、死屏、花屏、按键无效及语音乱提示。

应急处理方法：

（1）将监控主机电源关闭 2～3 s 后再次打开。

（2）具备双屏切换的机车，可进行彩屏显示器切换的操作。

4. 显示器不能正常显示或自检不正常

显示器本身是一个独立的 CPU 系统（包括数显和屏显）。如果自检不正常，多为显示器本身的问题。如果不能正常显示，可以先检查另一端的显示器显示是否正常，如果不正常，应怀疑监控记录插件，是否可能是通信电缆或显示器出现故障。

应急处理方法：

（1）检查主机与显示器连线是否正常。

（2）更换显示器。

（3）更换监控记录插件。

5. 无压力显示或显示不正确

LKJ2000 型监控装置可以同时引入 4 路压力信号，0～1 000 kPa 的压力（压强）信号是通过传感器转换成 0～5 V 的电压信号，送入模拟量输入/输出插件，处理后送到监控记录插件的。所以出现这种现象多为压力传感器故障，压力传感器工作电压不正常、模拟零输入/输出插件故障所致。

应急处理方法：

（1）检查压力传感器连线是否正常。

（2）检查压力传感器工作电压是否正常。

（3）更换压力传感器。

（4）更换模拟量输入/输出插件。

6. 无速度信号显示或速度显示不正确

速度信号是通过光电传感器传送给模拟量输入/输出插件，经过整形、滤波处理后送给监控记录插件。如果无速度信号显示，原因多为速度传输通道故障，使传感器发出的脉冲信号不能穿入；如果速度显示不正确，可以检查车轮径输入与实际是否相符或传感器有无故障，实际发出的脉冲数/周与理论值是否相符；如果速度显示不稳定，多为机车上各种信号干扰所致，应检查机车的速度传感器部分以及模拟量输入/输出插件的速度通道中的抗干扰部分。

应急处理方法：

（1）检查速度传感器通道连线。

（2）更换速度传感器。

（3）更换模拟量输入/输出插件。

（4）检查机车轮径是否正确。

7. 无信号机显示或显示与机车信号显示不一致

如果机车显示信号正常，而监控装置无任何信号显示，多为机车信号条件地线断线或接触不良所致。如果某一信号灯显示与机车信号显示不一致，多为连线出故障或数字量输入插件上的某一通道故障所致。

应急处理方法：

（1）检查机车信号连线。

（2）更换数字量输入插件。

（3）检查机车信号上/下行开关位置、前/后位置。

（4）检查感应器安装、接线。

8. 机车工况显示不正确

机车工况条件的各路 110 V 信号，都是通过过滤板处理后送入数字量输入/输出插件，进行滤波、隔离、整形后送上总线的。出现这种现象多为连线出问题或数字量输入/输出插件故障所致。

应急处理方法：

（1）检查机车工况连线。

（2）更换数字量输入/输出插件。

9. 紧急制动不能动作

监控装置对列车实施紧急制动时，是向电空阀或停车继电器送出 110 V 的正电源条件，由电空阀执行对列车实施紧急制动的控制。如果紧急制动不能动作，首先判断是由监控装置故障所致还是由机车制动执行机构故障所致，检查 110 V 条件是否送入电空阀是判断哪一部分出现故障的关键。

应急处理方法：

（1）紧急制动时，测量电控阀是否得电，得电更换电控阀，如否时执行下面两步。

（2）检查紧急制动接线是否正常。

（3）更换数字量输入/输出插件。

10. 常用制动不能动作或减压量不正确

监控装置对列车实施常用制动时，是向常用制动阀（由于制动机构不同，在现场常用制动装置也有所区别）送出 110 V 的正电源条件，由常用制动装置阀执行对列车实施常用制动的控制。如果常用制动不能动作，首先要判断是由监控装置故障所致还是由常用制动装置故障所致，检查 110 V 条件是否送入常用制动装置是判断哪一部分出现故障的关键。如果减压量不正确，多为排风速率调整不对。

应急处理方法：

（1）检查常用制动输出连线是否正常。

（2）检查常用制动装置是否正常。

（3）更换数字量输入/输出插件。

（4）调整常用制动排风速率。

11. 过机校正功能故障

LKJ2000 型监控装置提供有：上灯、电平、码型频率、码型幅值、地面埋点、数据上设置校正点等多种校正方法。出现此故障时，应首先判断是哪种校正方式，才能分辨出故障所在点。如果上灯、电平校正方式失效，与数字量输入插件、机车信号有关；如果码型频率、码型幅值、地面埋点校正失效，与地面信息处理插件、地面点式设备有关；如果数据上设置校正点校正失效，只和软件有关系。

应急处理方法：

（1）检查有关连线是否正常。

（2）检查机车感应器的安装及连线是否正常。

（3）更换数字量输入插件。

（4）更换地面信息处理插件。

12. 不能进入监控状态或监控功能不正常

如果不能进入监控状态，多为输入的交路号或车站代码非法或地面数据有问题；如果监控功能不正常，在确认软件设置正常的情况下，一般为监控记录插件故障。

应急处理方法：

（1）检查所输入的交路、车站代码是否正确。

（2）检查是否有地面数据。

（3）更换监控主机插件。

13. 双针速度表无指示或指示不正确

双针速度表在监控装置正常时由监控装置驱动，由监控记录插件送出实速、限速信号，在模拟量输入/输出插件上经过电压-电流转换等处理后，再送出驱动双针表。如果双针表无指示，多为双针表连线出问题或模拟量输入/输出插件双针表驱动通道故障所致；如果指示不正确，如成比例变化则为双针表量程输入错误，如不是成比例则为双针表本身故障。

另外，LKJ2000 型监控装置对双针表的驱动可以由 A 机控制，也可以由 B 机控制，在双针表显示不正常的情况下，可以先执行“双针表切换”操作，切换双针表的驱动源。

应急处理方法：

（1）执行“双针表切换”操作。

（2）检查双针速度表连线是否正常。

（3）检查所插入的双针表满量程。

（4）更换模拟量输入/输出插件。

（5）更换双针速度表。

（6）更换监控记录插件。

14. 监控主机关机后，无备用速度指示或备用速度指示不正常

在监控装置故障关机的情况下，备用速度指示（一般是双针速度表）由车上安装的数据转换盒驱动，如果不能正常转换或显示不正常多为数模转换盒或连线有问题所致。

应急处理方法：

（1）检查备用速度通道连线是否正常。
（2）更换 D/A 转换盒。

15. IC 卡输入或转储故障

应急处理方法：
（1）换卡后再次输入或转储。
（2）换另外一端彩屏显示器再次进行输入或转储。

第七节　地面数据处理

一、监控数据检索分析项目

1. 安全因素分析

主要分析机车乘务员超速、关机、常用、自停、区停、车位调整、单机记录、定标、信号确认、设备故障、管压状况、解锁状况、柴油机转速（内燃机车）、主断路器的合与断（电力机车）、过机丢失情况、信号异常情况、机车工况情况、巡检情况、支线转移、机车乘务员试闸情况、机车乘务员库内试验情况、监控检测人员库内检测情况等。

2. 司机报单

主要记录列车从始发站至终点行车过程中所行经各站时的停车或通过时分，包括区间停车时分情况。

3. 运行曲线

在平面坐标内，把机车从始发站至终点站行车过程中机车转线运行情况的各项数据，以图形曲线的形式表达出来。

4. 全程记录

把记录的机车运行所有资料按时间先后顺序以列表的行式，直观的表示出来。

二、监控数据检索分析数据种类

1. 记录列车或机车运行情况的相关数据

时间：记录任何一个变量发生的时、分、秒。
公里标：机车当前所处的位置——公里坐标。
距离：机车距离运行前方第一架信号机的距离或调车状态下机车走行的距离。
车站名称或信号机编号：当前车站名称或运行前方第一架信号机的号码。

信号：运行前方第一架信号机的显示。

工况：当前机车司机控制器换向手柄和调速手柄的位置以及牵引制动状况。

管压：当前列车管压力。

缸压：当前机车制动缸压力。

转速：当前内燃机车柴油机转速。

速度：当前运行速度。

限速：当前运行限制速度。

缸：当前机车均衡风缸压力。

其他：其他需要记录的信息。如：本/补机转换、列车贯通辆数等。

2. 记录司机操作监控装置情况的相关数据

- 司机手动或用 IC 卡输入操作。
- 解锁操作。
- 支线转移操作。
- 定标或打点操作。
- 人工校正距离操作。
- 输入股道号操作。
- 巡检操作。
- 按压“确认”键操作。
- 出入段操作。
- 司机输入慢行揭示操作。
- 本务/补机转换操作。
- 开关机操作。

三、机车乘务员一次作业过程分析

（1）上车输入信息情况（包括手动或 IC 卡输入）。

（2）司机在机车一端司机室进行的机车性能实验情况。

① 机车高低压实验情况：加前牵、卸前牵、加后牵、卸后牵、加中制、卸中制、加前制、卸前制、加后制、卸后制。

② 机车制动机实验情况：

最小减压量——50 kPa。

最大减压量——定压 500 kPa 时应减压 140 kPa，定压 600 kPa 时应减压 170 kPa，机车制动缸压力上升至 450 kPa。

紧急制动——列车管压力下降为 0，机车制动缸压力上升至 450 kPa。

单阀实验——阶段上升、阶段下降、保压情况，最大压力 300 kPa。

（3）司机在机车另一端进行的同样实验情况。

（4）司机在库内停车状态下是否有违反规定的超时单阀未制动现象。

（5）司机高手柄（900 转以上）实验时间是否达到规定标准。

（6）机车出段时间。

（7）转线。速度及防溜情况。

（8）挂车情况。一度停车及连挂速度。

（9）挂车后输入编组情况。

（10）整列车制动机实验情况。最大减压量是否符合标准。实验完毕后保压待发措施执行情况。

（11）起车速度。

（12）运行情况。主要是速度、试闸、距离校正、定标、乘务员的监控操作、巡检、电力机车的过分相、途中停点时间较长车站的制动机简略试验。

（13）到达后摘钩情况及调车情况。

（14）库内检查情况。主要是防溜措施。

（15）如有监控人员检测，要分析检测情况。重点是放风试验。

本章小结

列车运行监控记录装置是将计算机控制技术应用在机车上，以保障列车运行安全为主要目的的列车速度控制装置。

目前我国铁路普遍使用的是 LKJ2000 型监控装置，它的特点包括：列车运行全部线路设施资料可预先存储于主机中，不用在地面增加附属设备；采用连续平滑速度模式曲线控制；实时计算取得速度控制值；主要控制过程全部利用计算机实现；为了提高工作可靠性，系统采用模块级双机主从热备冗余的运行方式；采用 TFT 高亮度彩色液晶显示器。

监控装置的两大功能是：速度监控功能和运行数据记录功能。同时它还具有其他一些辅助功能，如屏幕显示功能、语音提示功能、设备自动检测和人工检测功能、对 ZTL 自停装置的控制功能、运行数据处理系统功能等等。它体现了“监控功能第一、记录功能第二；防止事故第一、记录分析事故第二”的原则。

监控装置的执行措施是报警、卸载、常用制动、紧急制动。

监控装置系统由车载设备、地面设备两部分组成。其中车载设备由一个主机箱、两个显示器、事故状态记录器（选件）、速度传感器、压力传感器以及双针速度表等组成。

LKJ2000 型监控装置系统的操作可分为乘务人员的操作和地面人员的操作，而乘务人员的操作主要分为基本操作、途中运行操作及特殊情况下的操作。

复习思考题

1. LKJ2000 型监控装置的特点有哪些？
2. 监控装置全名称及监控装置的两大功能是什么？
3. 监控装置运行数据记录项目有哪些？
4. 监控装置的安全数据的主要内容？

5. LKJ2000 监控装置的五种控制方式分别是什么?
6. 列车事故状态记录器（黑匣子）的作用是什么?
7. 说明监控装置的设计思想（工作原理）。
8. 查询操作能够查询哪些项目?
9. 监控装置对速度控制的执行措施有哪些?
10. 如何进行自动转储新文件的操作?
11. 说明监控装置的开车操作方法。
12. 列车运行中哪些情况下装置处于降级控制状态?
13. 说明侧线股道号的输入操作方法。
14. 什么是滞后误差和超前误差? 如何校正?
15. 说明监控装置的巡检操作方法。
16. 说明监控装置的普通调车操作方法。
17. 出现哪些情况时视为机车信号故障?
18. 简述机车信号故障时监控装置的操作方法。
19. LKJ2000 系统故障（A、B 机同时故障）时如何操作?
20. LKJ2000 监控装置系统采用什么工作方式?
21. 说明 LKJ2000 监控装置系统的组成部分及各部分的作用。

第三章 车载无线通信设备

【本章要点】

列车无线调度通信系统，简称无线列调，是用于指挥列车运行的专用无线通信系统。

无线列调系统通常包含“大三角”通信和“小三角”通信。“大三角”通信是指行车调度员、车站值班员和机车司机之间的通信；“小三角”通信是指车站值班员、机车司机和运转车长之间的通信。

车载无线通信设备即无线列调系统中的机车电台设备。

根据组网方式及设备功能的不同，铁路现有的列车无线调度通信系统采用 A、B、C 三种制式。

机车综合无线通信设备（简称 CIR）是铁路无线列调通信系统机车电台的升级换代设备，是基于 GSM-R 数字移动通信技术、GPS 全球定位技术、450 MHz 模拟无线电台通信技术等开发的综合车载通信设备，包括话音、数据等业务。它具有功能强大、标准化程度高、操作更加灵活的特点，并已广泛应用于我国铁路客运专线及高速铁路列车无线通信系统中。

车机联控指车务、机务等行车有关人员使用列车无线调度通信设备，按规定进行联络、提示行车安全信息、确认行车要求的互控方式。

车载无线通信设备，即指无线列调系统中的机车电台设备。

传统意义上的列车无线调度电话是供列车调度员、车站值班员等行车指挥人员和机车司机、运转车长及列车乘务人员之间进行直接通话的设备。运行中的列车随时在移动自己的位置，采用列车无线调度电话，可以使列车调度指挥机动灵活，便于提高运输效率。同时对于防止行车事故的发生，保证行车安全，面对特殊情况的临时处理均有积极意义。

伴随着无线通讯技术、信息技术的发展和铁路装备技术的进步，目前列车无线调度通信系统已经有了一个质的飞跃。机车综合无线通信设备（机车电台）作为中国铁路的新一代无线通信系统中的机车车载设备，具有功能强大、标准化程度高、操作灵活的特点，它已经广泛应用于我国铁路客运专线及高速铁路列车无线通信系统中。

第一节　无线列调系统

一、概　述

以铁路运输调度为目的，利用无线电波的传输，完成移动体与固定体之间或移动体之间信息通信的系统，称为列车无线调度通信系统，简称无线列调。列车无线调度通信系统是用于指挥列车运行的专用无线通信系统。

早期列车无线调度通信只是用作车站值班员与司机（即站车之间）对讲的工具，不构成系统。主要是在突发事故发生时，能及时通知司机或者车站值班员，避免重大事故的进一步发生的可能性。也正是由于在列车运行过程中，列车无线调度通信系统避免了无数次事故的发生，才受到了各方面的重视，得到进一步的发展。

之后，随着无线通信技术的发展，列车无线调度通信技术可以为调度员，车站值班员，司机之间（俗称大三角通信），以及车站值班员，司机，车长之间（俗称小三角通信）提供通信功能，因此日益成为铁路列车运行的重要安全保障系统，也是行车作业重要的指挥手段，成为机车安全行车的“三大件”之一，对提高铁路运输效率，保证列车行车安全起到了非常重要的作用。比如在抢险救援过程中，列车无线调度通信系统发挥着巨大的作用，它加快了救援的效率、缩短了事故对运输秩序影响的时间，确保了我国铁路安全、有序、快速的发展。

除此之外，列车无线调度通信系统还具备一些扩展功能，如 DMIS 无线车次号校核系统、DMIS 无线调度命令传输系统和列车尾部风压控制系统，铁路对这些功能的需求也正是铁路无线通信得到进一步发展的前提。

铁路列车无线调度通信系统主要分 A、B、C 三种制式，400 kHz 感应系统在山区电气化区段也有一定的应用。各制式的区别主要体现在组网方式、系统功能、通信方式、频率配置等几个方面。

列车在运行中，机车司机使用列车无线调度电话与车站联系执行车机联控，不得使用列车无线调度电话进行与行车无关的通话，同时应遵守保密的有关规定。

二、无线列调的功能

无线列调系统的主要问题是解决“大三角”和“小三角”通信。“大三角”通信是指行车调度员、车站值班员和机车司机之间的通信；“小三角”通信是指车站值班员、机车司机和运转车长之间的通信。

归纳起来，无线列调系统大致有以下功能：

（1）行车调度员按车次号对司机进行个别呼叫并通话。

（2）行车调度员能够对该调度区段内的所有机车进行全呼、通话，以及发出通告。

(3) 行车调度员可呼叫某个车站的车站值班员和该车站管辖范围内的所有司机，紧急情况下，行车调度员可优先与司机通话。

(4) 司机可呼叫当前所在调度区段的行车调度员。

(5) 紧急情况下，司机可向行车调度员发出紧急呼叫并通话。

(6) 司机呼叫行车调度员时，调度所设备能够存储机车呼入。

(7) 司机与临近机车司机之间可组呼通信。

(8) 相邻车站值班员之间可进行通话。

(9) 车站值班员、助理值班员、司机、运转车长之间可以通话。

(10) 调度总机、车站台和机车台具有录音功能或录音接口。

(11) 行车调度员向司机发送调度指令并在机车台显示，司机向行车调度员发送报告并在调度台显示，非话音信息的记录由调度所设备和机车设备分别打印。

(12) 调度所设备、车站台和机车台之间具备双向数据传输功能，可以传送实时数据、短数据或报文数据。

(13) 调度所设备应具有人工转接铁路电话交换网的功能。

三、无线列调的制式

根据组网方式及设备功能的不同，铁路现有列车无线调度通信系统采用 A、B、C 三种制式完成上述功能。三种制式均采用有线、无线相结合的组网方式，车站台和机车台、便携台之间的通信采用无线方式；调度台和车站台之间采用有线方式（数字电路或四线制音频话路）。

1. A 制式

A 制式的通信方式是：调度员、车站值班员与司机之间采用双工通信方式；车站值班员、助理值班员、司机、运转车长之间采用半双工或单工通信方式；移动用户之间采用异频单工通话时，由车站台、区间中继设备转信。

2. B 制式

B 制式的通信方式分 B1 和 B2 两种。

B1 制式：调度员与司机之间采用双工通讯方式；车站值班员、助理值班员、司机、运转车长之间采用双工、半双工、单工方式；移动用户之间采用异频单工通话时，由车站台、区间中继设备转信。

B2 制式：调度员、车站值班员与司机之间采用半双工通信方式；车站值班员、助理值班员、司机、运转车长之间采用单工通信方式；移动用户之间采用异频单工通话时，由车站台转信。

3. C 制式

C 制式的通信方式是：调度员、车站值班员、助理值班员、司机、运转车长之间的通话采用单工方式。

四、TW-8A 型列车无线调度电话

我国普通铁路使用的 TW-8A 型列车无线调度电话，由车站电台、机车电台、有线调度电话设备（总机、分机）和有线/无线转接设备（转接总机、转接分机）等组成。

机车电台的主机和控制盒装在机车司机室内，并配有筒式扬声器和手执抗噪声送话器，机车天线装于机车顶部。

1. 机车电台的组成

主机、控制盒、筒式扬声器、手执抗噪音送话器、机车天线（车顶)。

2. 机车电台的三种工作状态

守候状态、接收状态、发射状态。

3. 机车电台的操作方法

1）主呼

机车司机首先摘下送受话器。

① 呼叫车站或助理值班员：按【车站】键，处于值班状态的车站台可以从扬声器中听到主呼台的呼叫，如被呼叫的车站台为主呼对象，车站台应摘下送话器并应答对方，双方可以进行通话联系。

② 呼叫机车或车长：按【机车/车长】或【司机】键。

③ 呼叫调度：司机要与列车调度员通话时，必须通过车站值班员转达，司机要先经调度员同意，再由调度员办理呼叫才能与调度员通话，因此主控权在列车调度员手上。

2）被呼

当听到有人呼叫本车时，应立即摘下话机进行应答，否则电台将在一定时间（7 秒）后恢复守候状态。通话完毕后挂机。

根据行车指挥需要，列车调度员与机车司机通话时，通话过程由列车调度员直接进行控制。

【隧道】键的使用注意：山区、隧道地带方可使用，而在平原地带使用将会受到较大的同频干扰。

五、车机联控

（一）车机联控定义

指车务、机务等行车有关人员使用列车无线调度通信设备，按规定联络，提示行车安全信息、确认行车要求的互控方式。

机车乘务员在始发站或中间站停车再开时，在通过限速地段、发现危及行车安全、接近前方站等情况下时，应执行车机联控制度，使用列车无线调度电话与运转车长、车站值班员进行通话联系，以达到交流信息的目的，确认行车有关内容，保证列车运行安全的目的。

车机联控的主要设备包括车站电台、机车电台、便携电台及通信记录装置等。上线运行的机车、动车等应配备机车电台，无运转车长陪同值乘的列车司机及参与车机联控的有关人员应配备便携电台。车机联控实施两种制度，即指路行车和问路行车。普速列车和货运列车执行问路行车；动车组、城际高速动车组等高速列车执行指路行车。

（二）车机联控作业程序及用语标准

1. 基本要求

车机联控必须“站站列列呼唤应答”，联控作业程序应规范，用语要准确、清晰，并全程使用普通话。

遇数字“0”“1”“2”“7”读“dong（洞）”“yao（幺）”“liang（两）”“guai（拐）”。

联控用语中，车次读法按下列要求：

特快旅客列车 T××次称为：客车特××次。

快速旅客列车 K××次称为：客车快××次。

管内快速旅客列车 N××次称为：客车内××次。

普通旅客列车××次称为：客车××次。

临时旅客列车 L××次称为：客车临××次。

旅游列车 Y××次称为：客车游××次。

行包列车 X××次称为：行××次。

货物列车称为：××次。

2. 作业标准

1）接车作业

呼叫时机：自动闭塞区段，列车接近第一接近通过信号机或规定的呼叫点；半自动闭塞区段（双线反方向行车时），列车在规定的呼叫点时。呼叫时读法如下。

列车司机：××（站）××（次）接近。

车站值班员：××（次）××（站）×道通过（停车）。

列车司机：××（次）×道通过（停车），司机明白。

注：

① 有两个及以上运行方向的车站，应在联控用语中增加“去××方向”。

② 执行指路式行车作业的标准用语，应由铁路局制定，报铁道部批准，并通知相关铁路局。

2）进站、出站、进路作业

呼叫时机：列车机外、站内停车再开或列车始发时，信号开放后。呼叫时读法如下。

车站值班员：×（次）×道出站（进站、进路）信号好了。

列车司机：×（次）×道出站（进站、进路）信号好了，司机明白。

注：有两个及以上运行方向的车站，应在联控用语中增加“去××方向”。

3）核对风压作业

① 风压正常作业。

呼叫时机：列车起动后越过出站信号机；列车在区间停车再开；进入长大下坡道前；列车运行中实行制动试验后。呼叫时读法如下。

列车司机：××（次）车长核对风压。

运转车长：××（次）尾部风压××千帕。

列车司机：××（次）尾部风压××千帕，司机明白。

② 风压异常作业。

呼叫时机：当列车尾部风压异常时。呼叫时读法如下。

运转车长：××（次）尾部风压××千帕。

列车司机：××（次）尾部风压××千帕，司机明白。

③ 无运转车长值乘的列车核对风压作业。

列车司机在①规定的呼叫时机时，应使用列车尾部安全防护装置核对风压。

4）被迫停车或列车脱轨可能侵入邻线作业

① 被迫停车或列车脱轨可能侵入邻线，本务司机呼叫车站作业。

呼叫时机：列车在区间被迫停车或列车脱轨可能侵入邻线时，呼叫读法如下。

列车司机：××（站）××（次）在××公里（处）××（原因）被迫停车（或可能侵入邻线）。

车站值班员：××（次）在××公里（处）被迫停车（侵入邻线），××（站）明白。

② 被迫停车，本务司机呼叫追踪列车作业。

呼叫时机：追踪列车司机列车在区间被迫停车时，呼叫读法如下。

本务司机：××（次）在××公里（处）被迫停车，追踪列车注意运行。

追踪列车司机：××（次）在××公里（处）被迫停车，××（次）追踪列车明白。

③ 列车被迫停车，车站立即呼叫追踪列车作业。

呼叫时机：车站接到列车在区间被迫停车的通知时，呼叫读法如下。

车站值班员：××（次）在××公里（处）被迫停车，××（次）列车注意运行。

追踪列车司机：××（次）在××公里（处）被迫停车，注意运行，司机明白。

④ 列车脱轨可能侵入邻线，车站立即呼叫邻线列车作业。

呼叫时机：车站接到列车脱轨可能侵入邻线的通知时，呼叫读法如下。

车站值班员：××（次）在××公里（处）侵限，××（次）列车立即停车。

邻线列车司机：××（次）在××公里（处）侵限，立即停车，司机明白。

⑤ 列车脱轨可能侵入邻线，本务司机呼叫邻线列车作业。

呼叫时机：列车脱轨可能侵入邻线时，呼叫读法如下。

本务司机：××（次）在××公里（处）侵限，上（下）行列车，立即停车。

邻线列车司机：××（次）在××公里（处）侵限，立即停车，上（下）行××（次）司机明白。

5）道口险情作业

呼叫时机：当道口发生险情时，呼叫读法如下。

道口工：××公里道口发生险情，上（下）行接近列车立即停车（如知道车次时呼叫××次）。

列车司机：立即停车，××次司机明白。

6）列车通过慢行地段后作业

呼叫时机：当列车通过慢行地段后，呼叫读法如下。
运转车长：××（次）司机，慢行地段已通过。
列车司机：××（次）司机明白。

7）特快（双层）旅客列车通过车站作业

呼叫时机：特快（双层）旅客列车在车站通过时，呼叫读法如下。
助理值班员：客车××（次）车长，××（站）运行正常。
运转车长：客车××（次）运行正常，车长明白。

8）遇有下列情况时，车站值班员主动呼叫列车司机的作业

① 列车临时机外停车作业。
呼叫时机：列车接近前，呼叫读法如下。
车站值班员：××（次）××（站）机外停车。
列车司机：××（次）××（站）机外停车，司机明白。
② 通过列车变为停车作业。
呼叫时机：列车接近前，呼叫读法如下。
车站值班员：××（次）××（站）×道停车。
列车司机：××（次）×道停车，司机明白。
③ 旅客列车变更固定接车线路作业。
呼叫时机：列车接近前，呼叫读法如下。
车站值班员：客车××（次）××（站）变更×道通过（停车），限速××公里。
列车司机：客车××（次）××（站）变更×道通过（停车），限速××公里，司机明白。
④ 列车直进侧出通过作业。
呼叫时机：列车接近前，呼叫读法如下。
车站值班员：××（次）××（站）×道通过，直进侧出，限速××公里。
列车司机：××（次）×道通过，直进侧出，限速××公里，司机明白。
⑤ 车站引导接车作业。
呼叫时机：列车接近前，呼叫读法如下。
车站值班员：××（次）××（站）引导接车，×道停车（通过），注意引导（手）信号。
列车司机：××（次）××（站）引导接车，×道停车（通过），司机明白。
⑥ 列车反方向行车作业。
呼叫时机：列车接近前，呼叫读法如下。
车站值班员：××（次）××（站）×道通过，出站反方向，限速××公里。
列车司机：××（次）×道通过，出站反方向，限速××公里，司机明白。

⑦ 站内或区间限速作业。

呼叫时机：列车接近前，呼叫读法如下。

车站值班员：××（次）××（站）×道通过，站内限速××公里或区间××公里限速××公里。

列车司机：××（次）×道通过，站内限速××公里或区间××公里限速××公里，司机明白。

⑧ 调车联控办法由各铁路局自行规定。

⑨ 遇降雾、风暴雨雪环境，瞭望困难及其他特殊情况时，呼叫时机及联控用语由铁路局自定。

⑩ 跨局列车的车机联控作业，应执行列车运行区段所在铁路局的相关规定。

第二节　机车综合无线通信设备

一、系统概述

机车综合无线通信设备（Cab Integrated Radio Communication Equipment，CIR）是铁路无线列调通信系统机车电台的升级换代设备，是基于GSM-R数字移动通信技术、GPS全球定位技术、450 MHz模拟无线电台通信技术等开发的综合车载通信设备，包括话音、数据等业务。它与地面的GSM-R设备和450 MHz设备共同组成一个完整的铁路综合无线通信网，并已逐步取代通用式机车电台。

根据实际运用需求进行功能模块配置，机车综合无线通信设备可覆盖450 MHz调度通信系统（包括话音通信、调度命令、列尾、无线车次号等）、800 MHz列尾和800 MHz列车安全预警及二次防护系统、GSM-R数字移动通信系统（话音通信、数据通信）、高速数据传输等。

本节重点介绍WTZJ-I型机车综合无线通信设备。

（一）用　途

中国铁路总公司《机车综合无线通信设备运用管理办法》(技术规章编号：TG/TX201-2014)指出“机车综合无线通信设备是保障列车运行安全、提供调度通信业务等功能的行车通信设备”。综合无线通信设备作为中国铁路的新一代无线通信系统中的机车设备，具有功能强大、标准化程度高、操作灵活的特点。

CIR设备用于铁路GSM-R和450MHz无线列调系统，为机车与机车、机车和地面之间提供语音和数据的传输通道。

通过CIR设备，司机可与列车调度员、车站值班员、车辆乘务员等作业人员进行语音通信，接收和显示调度命令和列车进路预告信息，发送和接收、显示列车防护报警信息，操控列尾装置、显示列车尾部风压信息，并向CTC/TDCS系统发送车次号校核信息、调度命令签收信息。

语音通信包括 GSM-R 系统的个呼、组呼、广播呼叫、紧急呼叫等功能；数据通信可应用于调度命令信息传输、无线车次号传输、机车信号远程监测信息传输及调车监控数据传输等，可与机车上其他设备连接进行数据交换，满足铁路发展的需要。

CIR 还配置了 GPS 全球卫星定位设备，利用卫星对机车位置进行实时定位，根据数据库资料实现工作线路的自动切换，从卫星定位系统获取国际标准时间的基准数据。

（二）主要功能

（1）具有通用式无线列调机车电台和 GSM-R 调度通信的功能。

（2）传送车次号校核信息，接收（显示）CTC/TDCS 系统发送的调度命令和列车进路预告信息。

（3）接收（显示）列车尾部安全防护装置传送的信息，控制列尾装置辅助排风。

（4）发送、接收（显示）列车防护报警信息。

（5）接收（显示）道口无线报警信息和施工无线防护报警信息。

（6）自动发送列车接近预警信息。

（7）通信模式自动/手动转换和进行语音提示。

（8）对调度通信话音、接收的调度命令信息和操作状态进行记录。

（三）特　点

（1）硬件采用模块化设计，集成化程度高，方便了测试及维护，结构坚固。

（2）抗电气化干扰，传输可靠，话音质量高，误码率小。

（3）采用可视化的操作终端，界面友好，便于操作。

（4）功耗低：单个 MMI 的最大功耗（正常工作状态，未打印时）仅为 10 W。

（四）技术要求及性能

参数如下：

工作电源		45～130 V 直流供电	
工耗要求		满配置时不大于 200 W	
平均无故障时间		不小于 600 h	
工作环境：			
环境温度	主机	−25 °C	+55 °C
	MMI	−10 °C	+55 °C
	天线	−40 °C	+70 °C
相对湿度		95%	+30 °C
连续工作时间		24 h	
安装条件		安装在车体内部（除天线）	

二、系统组成

WTZJ-I 型机车综合无线通信设备主要包括：主机（包括 A、B 子架及机柜）、操作显示终端（MMI）、送受话器、打印机、扬声器、天线及天线电缆（两个 GSM-R 天线、一个 GPS 天线、一个 450 MHz 天线，四套天线分别安装在机车顶部）和各种连接电缆等，如图 3.1、图 3.2 所示。

图 3.1 WTZJ-Ⅰ型机车综合无线通信设备（标准型）组成图

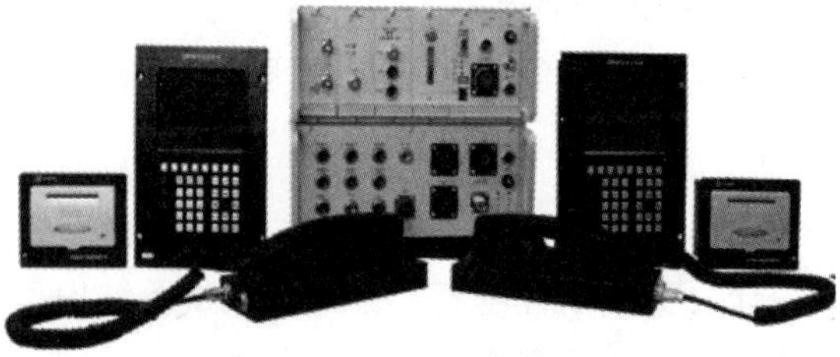

图 3.2 WTZJ-Ⅱ型机车综合无线通信设备（小型化）组成图

1. 主 机

主机采用机架结构，由 A、B 两个子架组成。专用 19 英寸 8U 机柜，具备电磁隔离、防震功能。

（1）A 子架包括：电源单元、电池单元、GSM-R 语音单元、GSM-R 数据单元、GPS 卫星定位单元、记录单元、主控单元和数据接口单元，如图 3.3 所示。

A 子架各个单元采用标准的插件式结构。

（2）B 子架包括：450MHz 机车电台单元、数据接口转换单元，如图 3.4 所示。

（3）各个单元的作用：

① 主控单元实现对各模块单元的控制并对状态信息进行记录。

② 电源单元为设备提供供电电源。

③ 电池单元在外界直流供电切断后进行 GSM-R 注销提供备用电源。

④ GSM-R 语音单元在主控单元的控制下完成 GSM-R 调度通信功能。

⑤ GSM-R 数据单元在主控单元的控制下完成数据的收发（支持 GPRS 方式、电路连接方式）。

⑥ GPS 单元提供 GPS 位置信息，其中时钟信息作为设备的标准时钟。

⑦ 记录单元具有对承载业务信息记录的功能。

⑧ 接口单元连接设备内部有关单元及为数据、话音应用业务提供接入接口。

⑨ 450 MHz 机车电台单元在主控单元的控制下完成 450 MHz 调度通信所规定的机车电台功能及承载数据传输的功能。

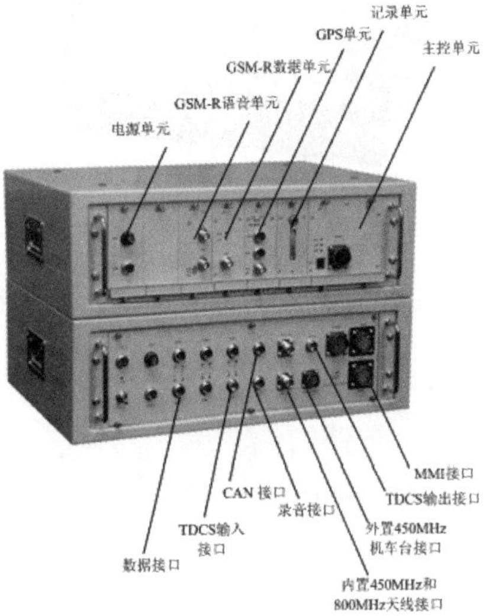

图 3.3　主机 A 子架

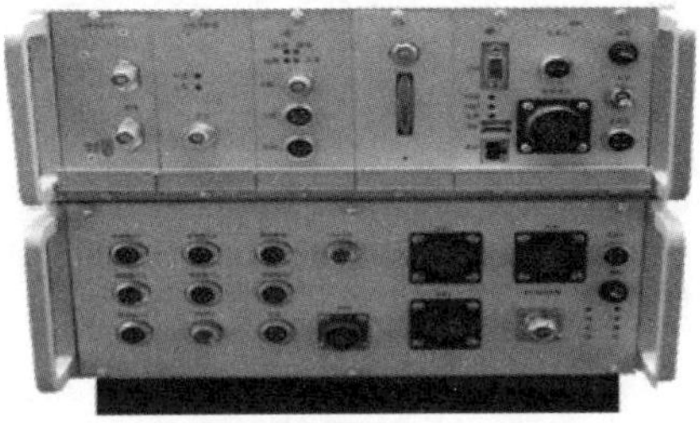

图 3.4　主机 B 子架

2. MMI（操作显示终端）

用来实现人机信息的交互，实现调度通信、通用数据传输所需的操作、状态显示以及语音提示等功能，它由嵌入式工控机、LED 液晶显示器、可配置式功能键盘、综合板组成，如图 3.5 所示。

图 3.5　嵌入式安装 MMI

3. 送（受）话器

外置送（受）话器用于语音信息的发送和接收。送（受）器中的麦克与耳机均采用动圈结构。送（受）话器附有安装底座，便于司机室内的安装，如图 3.6 所示。

4. 打印系统终端

打印终端在 MMI 的控制下打印输出纸质调度命令等信息，如图 3.7 所示。

图 3.6　送受话器

图 3.7　打印机

三、功能说明

（一）调度通信

1. GSM-R 调度通信

1）个呼

进入守候状态时，可以进行点对点个别呼叫。

(1) 发起呼叫。

使用单键呼叫，包括“调度”“前站”“本站”“后站”及“车长”呼叫键，按下相应单键，直接进行呼叫：

司机→调度　　单键呼叫

司机→前站　　单键呼叫

司机→本站　　单键呼叫

司机→后站　　单键呼叫

司机→车长　　单键呼叫

使用功能号呼叫，输入调度员或值班员的功能号进行呼叫。用户号码呼叫，直接输入被叫方的 ISDN 号码进行呼叫：

司机→固定台　　输入 ISDN 号码（或功能号）呼叫

司机→移动台　　输入 MSISDN 号码（或功能号）呼叫

(2) 接收呼叫。

机车司机可以接收列车调度员、机车调度员、车站值班员、车站助理值班员、机务段运转值班员和救援列车的呼叫。当有个呼呼叫时，MMI 喇叭发出振铃声，同时显示对方信息(当对方已注册功能号时，显示对方的功能号；当对方未注册任何功能号时，显示对方的电话号码)。

2）组呼（VGCS）

发起（或加入）站内组呼　　单键呼叫

发起（或加入）邻站组呼　　单键呼叫
发起紧急组呼　　单键呼叫

接收组呼：　有组呼进入时，MMI 扬声器发出振铃声，并且界面有文字提示，同时自动加入组呼，通过打开扬声器接听其他组呼成员的讲话。

3）广播（VBS）

可以进入广播组呼状态。操作与组呼类似，不同的是，广播呼叫是由调度员等用户发起的，机车综合无线通信设备不能发起广播呼叫。

4）注册与注销

具有 GSM-R 网络注册/注销和功能号注册/注销功能。
具有电源软关机功能，完成主机关电后的 GSM-R 网络注销和功能号注销。

2. 450M 调度通信

1）主呼

司机→调度　　单键呼叫
司机→隧道机车　　单键呼叫
司机→平原机车　　单键呼叫
司机→隧道车站　　单键呼叫
司机→平原车站　　单键呼叫

2）被呼

同频→司机
调度→司机
隧道机车→司机
隧道车站→司机

（二）数据通信

1. GSM-R 数据通信

GSM-R 的数据业务分为电路数据和 GPRS 两种传输方式。
电路数据方式实时性强，可实时传送数据信息，缺点是占用网络资源较大。
GPRS 方式占用网络资源少，但是 GPRS 方式延时比电路数据方式大，对实时性要求比较高的业务不适合用 GPRS 方式传输。

1）无线车次号

(1) 通信方式。
数据传输采用 GPRS 方式（UDP 协议）。
(2) 系统功能。
如图 3.8 所示，具体如下：
实现车次号传送的目的 IP 地址自动更新。

车次号信息的传送。

列车停稳、启动信息的传送。

存储发送的车次号信息、列车停稳信息。

DMIS/CTC 向采集处理装置查询车次号信息。

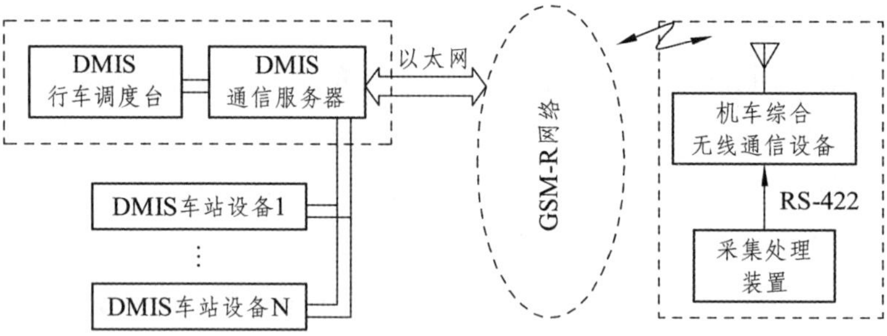

图 3.8 GSM-R 模式无线车次号系统构成示意图

2）调度命令

(1) 通信方式。

数据传输采用 GPRS 方式（UDP 协议）。

(2) 系统功能。

如图 3.9 所示，具体如下：

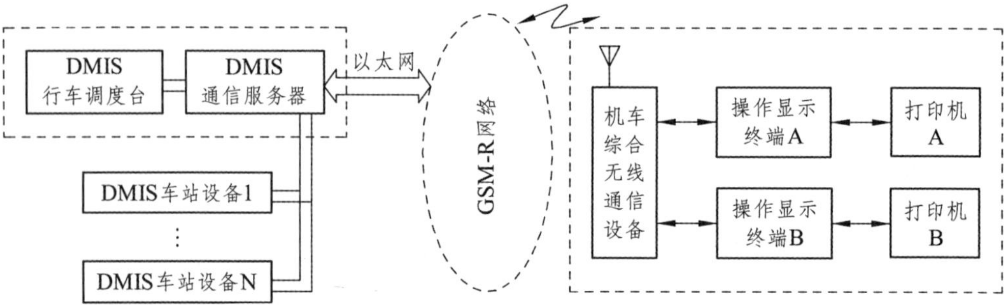

图 3.9 GSM-R 模式调度命令系统构成示意图

调度员向辖区内的运行列车发送调度命令等信息，在 CTC 区段发送行车凭证、调车作业通知单等信息。

车站值班员向辖区内的运行列车发送行车凭证、调车作业通知单等信息。

自动向辖区内的运行列车发送列车接车进路预告信息。

机车设备向车站发送调车请求信息。

机车设备能向发送人终端发送自动确认和签收信息。

TDCS 设备和机车设备能存储调度命令并记录操作过程。

系统中各终端具有文字提示功能，机车设备还具有语音提示功能。

3）尾部风压

(1) 通信方式。

数据传输采用 GPRS 方式（UDP 协议）。

（2）系统功能。

如图 3.10 所示，具体如下。

与列尾主机之间建立和拆除唯一对应关系。

提供司机查询尾部风压的功能。

能接收并显示列尾主机发送的尾部风压数值。

风压数值在规定时间内没有更新时，机车综合通信设备告警。

具有控制列尾主机排风制动的功能。

能接收列尾主机发送的电池欠压、主风管风压不正常的告警信息，并进行声光报警。

具有语音和数字显示的提示功能。

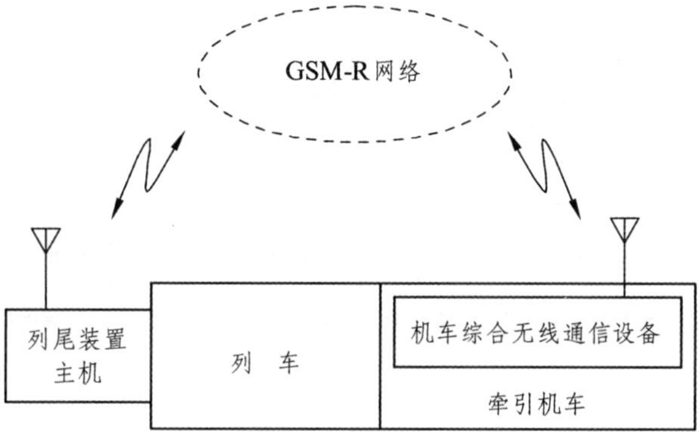

图 3.10 GSM-R 模式尾部风压系统构成示意图

4）调车监控信息传送

（1）通信方式。

点对点电路连接（CSD）。

（2）系统功能。

如图 3.11 所示，具体如下：

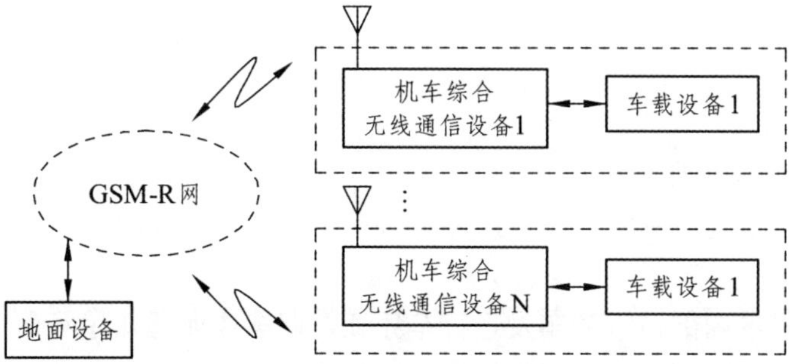

图 3.11 调车机车信号和监控信息传送系统构成示意图

提供调车机车信号和监控信息传输的通道。

实现地面设备和多台车载设备间的数据传输。

存储进入和输出调车模式的有关信息。

多台调机同时作业时，地面设备使用连选功能，与每台车载设备分别建立电路连接。

2. 450M 数据通信

调度所与车站之间利用 TDCS 通道，车站至机车方向利用无线列调通道（结合具体情况由设计确定采用同频或异频）。

机车至车站方向采用 TDCS 无线车次号工作频点，如图 3.12 所示。

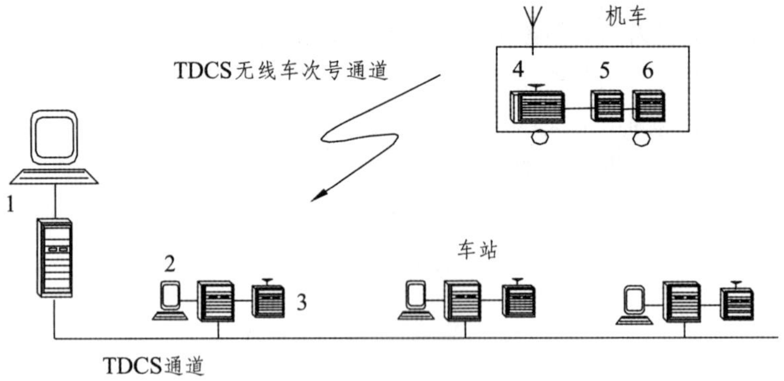

图 3.12　450M 模式无线车次号系统构成示意图

1—TDCS 总机；2—TDCS 车站设备；3—车次号解码器；4—CIR；5—数据采集编码器；6—运行监控装置

1）无线车次号

（1）机车台发射频率和车站数据接收解码器的接收频率为第 2 四频组的 f4，即 457.550 MHz。

（2）TAX 箱为无线车次号校核系统提供信息来源，通过 RS-485 接口周期地向机车数据采集编码器传送车次号信息。

机车数据采集编码器发送无线车次号信息的条件：

① 在沿线运行，机车经过进站和出站信号机两个位置均连续单向发送 2 次。

② 在非监控状态下，机车速度从 0 变化至 5 km/h 时，单向发送 3 次，时间间隔为 3 s。

③ 在始发站机车对标点时，单向发送 3 次，时间间隔为 3 s。

2）调度命令

（1）系统功能。

如图 3.13 所示，具体如下：

调度员向辖区内的运行列车发送调度命令等信息，在 CTC 区段能发送行车凭证、调车作业通知单等信息。

车站值班员向辖区内的运行列车发送行车凭证、调车作业通知单等信息。

自动向辖区内的运行列车发送列车接车进路预告信息。

机车设备向车站发送调车请求信息。

机车设备能向发送人终端发送自动确认和签收的信息。

TDCS 设备和机车设备能存储调度命令并记录操作过程。

系统中各终端具有文字提示功能，机车设备还具有语音提示功能。

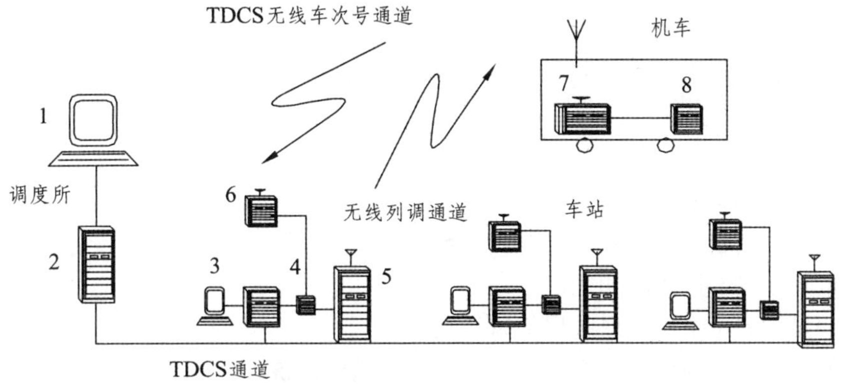

图 3.13　450M 模式调度命令无线传送系统构成示意图

1—行车调度台；2—TDCS 总机；3—TDCS 车站设备；4—车站转接器；5—无线列调车站台；6—车次号解码器；7—CIR；8—监控装置

（2）调度命令主要工作过程（一）。

接收到发给本次列车的调度命令后，向发送终端回送自动确认信息。在 MMI 上显示调度命令并发出阅读提示音。

当接收调度命令后（不含接车进路预告信息），按“签收”键向地面回送签收信息并停止语音提示。在区间发送的签收信息在前方站进站信号机处进行自动重发。

当接收到接车进路预告信息后，按“签收”键停止语音提示，该签收信息进行记录，不向地面发送。

显示和打印调度命令并有状态提示。

按“打印”键打印调度命令。

（3）调度命令主要工作过程（二）。

记录接收、操作等信息。对调度命令、行车凭证、调车作业单、进路预告分类进行存储，进路预告存储容量每类均不小于 1 000 条，其余内容的存储容量不小于 100 条。

在未收到监控装置的有效机车号和车次号信息时，则接收显示命令信息中与机车设备记录的机车号相同机车号的命令信息。

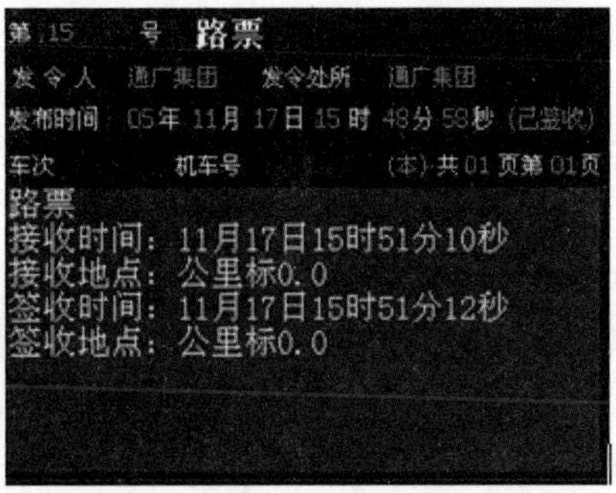

图 3.14　接收调度命令显示界面

接收到命令信息中无机车号时只判车次号；无车次号时只判机车号。

可进行机车担当角色（本务机或补机）的设置。

机车设备工作在补机状态时，显示、记录所有接收到的调度命令，记录签收、打印等操作过程。补机状态时不向地面发送自动确认和签收信息。

机车设备在补机状态时接收到有效无线车次号信息，则退出补机状态。

机车设备在机车号、车次号、工作方式发生变化时对变化进行记录。

可利用专用设备读出储存的调度命令和操作记录。

（4）接收调度命令显示界面，如图 3.14 所示。

3）尾部风压

(1) 通信方式。

采用 FFSK 通信方式。

(2) 系统功能。

如图 3.15 所示，具体如下：

与列尾主机之间建立和拆除唯一对应关系。

提供司机查询尾部风压的功能。

能接收并显示列尾主机发送的尾部风压数值。

风压数值在规定时间内没有更新时，机车综合通信设备告警。

具有控制列尾主机排风制动的功能。

能接收列尾主机发送的电池欠压、主风管风压不正常的告警信息，并进行声光告警。

具有语音和数字显示的提示功能。

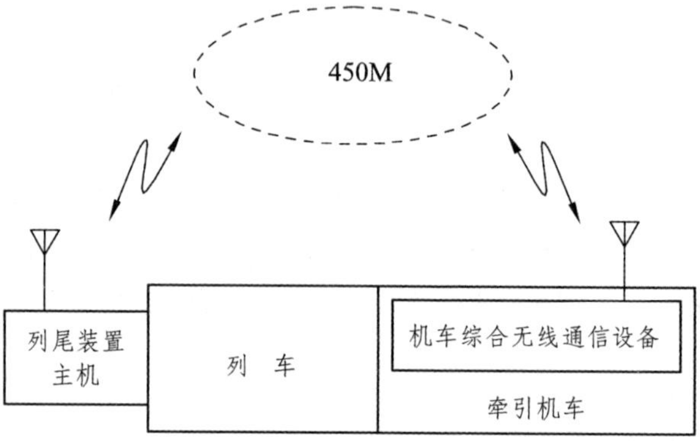

图 3.15　450 M 模式尾部风压系统构成示意图

本章小结

列车无线调度通信系统作为指挥列车运行的专用无线通信系统，它对提高铁路运输效率，保证列车行车安全起到了非常重要的作用。

无线列调系统中“大三角”通信是指行车调度员、车站值班员和机车司机之间的通信；“小三角”通信是指车站值班员、机车司机和运转车长之间的通信。

车载无线通信设备即无线列调系统中的机车电台设备。

普通铁路使用的 TW-8A 型列车无线调度电话，是由车站电台、机车电台、有线调度电话设备（总机、分机）和有线/无线转接设备（转接总机、转接分机）等组成的。

机车综合无线通信设备（简称 CIR）具有功能强大、标准化程度高、操作更加灵活的特点，已广泛应用于我国铁路客运专线及高速铁路列车无线通信系统中，并将逐步取代通用式机车电台。

机车综合无线通信设备包括：主机（包括 A、B 机）、操作显示终端（MMI）、送受话器、打印机、扬声器、天线及天线电缆和各种连接电缆等。

车机联控要求车务、机务等行车有关人员使用列车无线调度通信设备，按规定联络，提示行车安全信息、确认行车要求，以达到安全互控的目的。

车机联控必须做到“站站列列呼唤应答”，联控作业程序应规范，用语要准确、清晰，并使用普通话。

车机联控实施两种制度，即指路行车和问路行车。普速列车和货运列车执行问路行车；动车组、城际高速动车组等高速列车执行指路行车。

复习思考题

1. 何谓铁路无线列调系统？
2. 在无线列调系统中什么是“大三角”通信、“小三角”通信？
3. 无线列调系统主要功能有哪些？
4. TW-8A 型列车无线调度电话中机车电台的三种工作状态是什么？
5. 车机联控的含义是什么？
6. 机车乘务员在哪些情况下需要执行车机联控？
7. 对车机联控作业程序及用语标准的基本要求有哪些？
8. 简述车机联控接车作业的作业标准。
9. 简述列车脱轨可能侵入邻线时，本务司机呼叫邻线列车作业的作业标准。
10. 什么是机车综合无线通信设备？有何特点？
11. 机车综合无线通信设备主要功能有哪些？
12. 说明机车综合无线通信设备的组成。

第四章　列车尾部安全防护装置

【本章要点】

列车尾部安全防护装置用作无守车货物列车（或无运转车长的客运列车）的安全装置。列尾装置以其体积小巧、功能完备的优点，取代了几十年来守车和运转车长的位置。同时也方便了编组站（包括区段站和中间站）的列尾编组、摘挂作业，减少了调车作业量，提高了列车牵引质量。列尾装置的运用不仅为铁路提高生产效率和节约运输支出起到了积极作用，而且在安全和生产方面发挥了重要作用。

列尾装置的作用主要有列车尾部风压的查询、自动报警、尾部排风辅助制动、列车昼夜尾部标志等。

列尾装置系统主要由三部分构成：列车机车部分、列车尾部部分（列尾装置尾部主机）和列车尾部安全防护装置数据处理系统。

列尾装置全称为列车尾部安全防护装置，是货物列车取消守车后，在尾部无人值守的情况下，为了保证列车安全运行而研制的，是综合应用计算机编码、无线遥控、语音合成、计算机处理等技术的专用安全防护设备，也是重要的铁路行车设备。

从 1992 年开始，我国进行了关于列车尾部安全防护装置的研究，并已成功地研制出了科技含量高、适应性强的列尾装置，解决了货物列车取消守车和运转车长后的列车运行安全问题。

国内主要的列尾装置，都是利用机车上和列车尾部分别安装的无线发射和接收装置来实现的。本务机车与列尾装置主机通过无线编码构成“一对一”关系。机车乘务员用机车控制盒发出需要的查询信号，列尾装置主机在接收到本次列车的本务机车发出的指令后，向机车反馈查询信息，并在机车乘务室用语音播发，或向尾部列尾装置主机中的风压控制系统发出响应的排风指令，可实现全列车的安全停车，防止列车放飏事故的发生。此外，列尾装置主机还具有监控功能，在列车主风管被切断，主管泄露量超过规定值时，列尾装置主机会及时向机车乘务员发出警示，提醒机车乘务员注意列车运行状态。

如今客运列车也已逐渐取消了运转车长这一岗位，新一代的客车用列尾装置已经运用于客运列车上。

一、列尾装置的作用

（1）通过列尾装置，机车乘务员能够及时准确地掌握列车尾部风压的数据，当列车尾部风管因非正常泄露导致低于规定限值时，该设备会自动报警。

（2）当车辆折角塞门被意外关闭时，机车乘务员可操纵列车尾部装置进行尾部排风辅助制动，以防止列车“放飏”事故的发生。

（3）该设备还可兼作列车昼夜尾部标志（白天用红白相间斜彩条标识，夜间用红色发光管闪光标识），除对列车起防护作用之外，有表示列车完整、标示列车尾部的位置等功能。

列尾装置及在列车上的安装位置如图 4.1 所示。

图 4.1　列尾装置及在列车上的安装位置

二、系统构成

列车尾部安全防护装置主要由以下三部分构成：

（1）列车机车部分：列尾装置司机控制盒（简称司机控制盒），如图 4.2 所示。

图 4.2　列尾装置司机控制盒

附属设备包括列尾装置输号器、列尾装置司机控制盒检测仪、列尾装置司机控制盒数据转存仪、列尾装置车载电台。

（2）列车尾部部分：列尾装置尾部主机（简称列尾主机）。如图 4.3 所示。

列尾主机的附属设备包括列尾主机检测台、无线确认仪、列尾主机电池、列尾主机电池充电器、列尾数据读取仪、简易场强仪、屏蔽室。

（3）列车尾部安全防护装置数据处理系统。

主要由计算机和数据下载、处理软件构成，可以将列尾装置有关数据下载并分析。

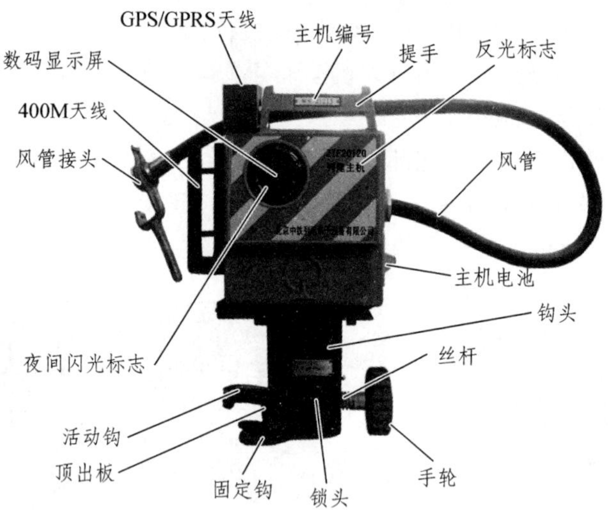

图 4.3　列尾装置尾部主机

三、列尾装置的功能

（1）机车乘务员可随时查询列车尾部风压数据。
（2）可在列车尾部实施辅助排风制动。
（3）具有自动检测列车风压功能，当列车风压不正常时自动报警。
（4）兼做列车昼夜尾部标识。
（5）列尾主机电池电量不足时告警。
（6）黑匣子记录功能。

四、列尾装置的工作原理

机车乘务员操作司机控制盒功能键，首尾以无线数据传输方式传递信令（编码信息），其信令通过机车列调电台（或列尾专用机车电台）发送出去，列尾主机接收到司机控制盒发送的信令后，其响应信息会以同样的方式返回司机控制盒，司机通过司机控制盒合成的语音信息来了解列车尾部风压及列尾主机的工作状态等情况，并根据反馈的信息做出判断和处理。

1. 列尾主机的工作原理

列尾主机内设有本机出厂 ID 编号，安装于列车尾部车钩或提钩杆上，与列车尾部制动软管连接。主要用于时时监测列车尾部风压，实现列车尾部排风制动，用作尾部标识（白天用红白相间斜彩条标识，夜间用红色发光管组闪光标识）。

列尾主机是封装于全封闭壳体内的系统。由高集成微控制器系统、列尾装置运用数据记录、调制解调器、双余度电磁阀、电池组、电台、压力传感器、主风管等部件组成。

列尾主机自带锁闭机构，可实现列尾主机与列车车钩或钩提杆牢固锁闭。

2. 司机控制盒工作原理

司机控制盒内设有本务机车的机车号码，有确认（即输号，黑键）、风压查询（绿键）、尾部排风（红键）、和列尾主机消号（黑键+绿键）等功能键；带有数码显示，待机状态时显示机车号码，查询时（或低风压告警时）显示列车的尾部风压，2 s 后又显示机车号码；自带语音系统（即音频功放、扬声器）。

司机控制盒带有列尾装置运用数据记录的功能（俗称“黑匣子”），可滚动记录 4 000 多条数据（即事件）。司机控制盒上设置了两个显示灯：一个是电源指示灯；另一个是排风指示灯。

五、列尾装置的相关操作与问题

（一）列尾装置的确认方式

列尾装置的两种确认方式：一是由机车（司机）确认；二是用机车号码确认仪确认。

（二）使用机车号码确认仪输入机车号码的步骤

（1）接通确认仪电源。

（2）接通列尾装置的电源（推入电源）。

（3）听到列尾装置报出“×××××号等待确认”的语音提示后，输入相应机车号码，按压【确认】键。

（4）此时列尾装置回示语音“××××机车确认完毕”。

（5）如听不清机车号，可再按【确认】键发出确认信号，此时列尾装置报出“××××机车风压零零零”的回示语音。

（三）列车出发时，安装列尾装置的作业过程

（1）车站值班员通知列尾值班室出发列车的机车号和股道。

（2）将机车号用确认仪输入到列尾装置中。

（3）将列尾装置固定在该列车最后一辆车辆的尾端并锁牢。

（4）通知机车乘务员检查风压，看机车能否与尾部沟通。

（5）列检人员检查车辆完毕后，接通列尾装置制动软管。

（6）通知机车乘务员再次检查风压。

（四）列尾装置检测台的功能

（1）提供列尾装置的工作电压。

（2）对列尾装置的主机进行电压、电流检测及各种功能测试。

（3）模拟列车主管风压变化范围，检查列尾装置的风压反馈状态及准确性。

（4）模拟机车控制尾部主机，用无线遥控排风制动。

（5）对列尾装置风压反馈精度进行校准。

（6）对蓄电池（12 V，7 A）进行电压测试。

（五）机车乘务员正确使用确认键的步骤

（1）列尾装置通电后，发出“×××××号等待确认”的语音提示。

（2）机车乘务员听到此语音提示以后，按控制盒的“确认键”（黑键）发出确认信号。

（3）列尾装置收到此确认信号后，回示语音“××××机车确认完毕”。

（4）如无确认信号语音回示，可再按控制盒的【确认】键（黑键）发出确认信号，直到收到“××××机车确认完毕”的语音回示为止。

（六）机车乘务员使用控制盒检查列车尾部风压的操作及实施操作的条件

列尾装置确认后，机车乘务员按压司机控制盒【风压检查】键（绿键）发出询问信号，列尾装置回示语音“××××机车，风压×××（kPa）”。

操作条件：与原车机联控中运转车长报风压的时机相同，要注意不要在列调“盲区”操作。

（七）机车乘务员利用列尾装置进行辅助排风制动的操作以及实施操作的条件

列尾装置确认后，机车乘务员按压司机操纵盒【制动】键（红键）发出排风信号，列尾装置内排风电磁阀打开，从列车尾部进行排风制动。

操作条件：当确认机车与列车通风不畅，折角塞门被意外关闭，机车不能进行有效制动时。

（八）列尾装置发出报警语音的情况

当列车主风管风压缓慢下降到 460 kPa（定压 600 kPa 时下降到 560 kPa）以下时，列尾装置开始自动报警，并回示语音“注意！注意！！××××机车风压×××（kPa）”（重复一遍），以提醒机车乘务员注意列车尾部风压的变化情况。

（九）当甲机车“机故”，需要更换乙机车时，甲、乙机车对列尾装置的操作步骤

（1）甲机车按压机控盒中绿键，发出风压检查信号。

（2）在 10 s 内，甲机车按压机控盒中的黑色按键和绿色按键，实施清号功能，即解除“一对一”关系。

（3）列尾装置发出“××××号等待确认”的语音提示。

（4）乙机车听到此语音提示以后，按控制盒的【确认】键（黑键）发出确认信号。

（5）尾部主机发出“××××（乙机车号码）机车确认完毕”的语音。

（十）列尾装置的其他问题

（1）列尾装置回送作业（带电池）应注意将回送卡盖住电池两极。

（2）列尾装置的编号为 5 位数，司机控制盒的编号为 4 位数。

（3）列尾装置反光标识的有效显示距离不小于 400 m。

（4）列尾装置机车号码输入错误时，可将列尾装置断电，重新加电，再用确认仪重新输号确认。

（5）列尾装置的使用年限是 4 年。

（6）列尾装置故障或丢失，要及时报告列车调度员，并在前方车站停车处理。

（7）列尾装置工作蓄电池的使用期限是 1 年。

六、列尾装置的管理

（1）列尾装置由固定在机车司机室的司机控制盒和安装在列车尾部的列尾主机组成。列尾装置的功能、技术指标、设备安装要求和检测方法等要满足铁道部颁布的《列车尾部安全防护装置通用技术条件》的相关要求和指标。列尾装置的设置、使用、管理等要符合无线电管理的有关规定。

（2）列尾装置实行固定配属制度。跨局列车列尾装置的配备原则上按运转车长担当交路划分，特殊情况由相邻两局协商解决，但跨局列车本务机所用列尾装置的制式必须统一。列尾主机的摘挂、检测以及电池充电等工作按局间协议执行。有关铁路局要为邻局派驻的列尾作业人员提供必要的生产、生活条件。

（3）列尾主机及附属设备的列车务固定资产，由车务部门负责管理；司机控制盒及附属设备的列电务固定资产，由电务部门负责管理；日常的保管、使用由机务部门负责。列尾主机要涂记所属单位的文字标识及编号。

（4）列尾装置的配置数量要满足运输生产的需要，并按不同的区段保证各自一定的备用率。相关耗材以及检测、充电等设备由设备管理单位根据各种设备的技术要求和生产需要确定。

（5）要建立健全使用、交接、检查等管理制度和设备工况履历簿；要制定各相关工种的工作责任制和相应的考核办法。

（6）要加强对列尾装置日常运用的管理，建立列尾装置调整、回送的具体办法。跨局列车的列尾装置调整、回送按局间协议执行。

七、列尾装置的使用

（1）列尾主机使用前由列尾检测人员、司机控制盒在机车出库按机车无线列调的有关规定进行检测，合格后方可投入使用。

（2）列尾主机的安装与摘解由车务人员负责；制动软管连接，有列检作业的列车，由列检人员负责；无列检人员作业的列车，由车务人员负责。

（3）确认无误后，将列尾主机安装锁闭在待发列车尾部最后一辆列车的后端车钩。在其他站，机车乘务员根据车站值班员通知的列尾主机号码对其进行确认。

（4）本务机车连挂车列后，机车乘务员必须通过司机控制盒查询本机车号是否已正确输入列尾主机。如发现错误，由有关人员重新检查处理。

（5）列车出发前，机车乘务员要通过列尾装置确认列车制动主管贯通和风压是否达到规定标准。如发现异常，立即通知有关人员处理。

（6）列车在运行中，司机应按“机车操作规程”的要求查询列车尾部风压。发现因折角塞门关闭而引起的制动不正常时，机车乘务员除实施机车制动外，还要按司机控制盒操作列尾主机排风，并报告列车调度员，按调度通知或命令进行处理。

（7）列车在运行中发现列尾装置故障不能使用或丢失时，要及时报告列车调度员，并在最近的前方站停车处理。车站助理值班员接发列车时的同时要注意列尾主机状况，若发现列尾主机有异状，可能危及行车安全时，要及时通知机车乘务员并进行处理。列尾装置正常使用时，机车乘务员负责列车的完整性。

（8）在中间站保留、终到的列车，车站值班员要指派人员及时从列车尾部摘下列尾主机，断开电源，妥善保管，并做好继续使用的准备工作，或按规定回送给指定站。

（9）不更换本务机车的中转列车，如不更换列尾主机，继乘的机车乘务员须对列尾主机进行确认。

八、列尾装置使用注意事项

（1）司机遥控盒发生故障的机车，在机务段被禁止出库担任货物列车本务机车。

（2）编组站或中间站始发列车，至少应有一次遥控尾部主机常用排风试验，同频电台中应有与机车风压表相符的风压值语音反馈信号，否则应通知车站列尾人员处理。

（3）列车运行中司机可随时使用查询键确认列车是否完整、全列制动主管贯通和尾部主机工作是否正常。列车进站前、出站后及进入长大坡道前必须各查询尾部风压一次。

（4）司机在操作过程中，不仅要注意头尾风压的一致性，更要特别注意尾部风压的跟随性。列车运行中，当列车制动时达不到应有的减速效果或已确认折角塞门被关闭时，司机应在使用电空制动控制器对前部未关闭车辆实施制动的同时，使用司机遥控盒上无线遥控排风按钮对部分被关闭的车辆实施无线遥控排风制动停车。

（5）没有守车和运转车长值乘的列车，原则上禁止退行和分部运行。

（6）列尾主机反馈的风压值与机车风表读数误差，一般不应大于 20 kPa。

（7）在进行进出站和进出坡道前必要的尾部风压查询时，不仅要注意头尾风压的一致性，更要特别注意尾部风压的跟随性。司机控制盒上红灯（告警灯）闪亮，表明缓漏报警；红灯（告警灯）常亮，表明尾部主机电池用完。

（8）列车运行途中，当列尾装置发出“电压不足”的语音报警信号时，司机应及时通知就近车站值班员或列车调度员，按其指示妥善处理；列车运行途中司机发现列尾装置故障不能使用时，应在前方站停车，进站前应预告车站值班员对列车完整进行确认。

（9）列尾装置故障时，原则上不应在区间，特别是长大坡道的区间上停车，当列车运行在坡度超过 12‰的长大坡道区段或接近坡度超过 12‰的长大下坡道的车站发生列尾装置故障时，不得维持运行，由列车调度员发布停车命令暂停其运行。

九、可控列尾装置简介

大秦线开行的 2 万吨货物列车车辆采用了 120 型空气制动机技术，机车采用了美国 GE 公司的空气制动同步操作 LOCOTROL 技术。

大秦线使用的是北京中铁公司研发的一种可控列尾装置，其基本功能是：当司机操纵列车空气制动装置对列车进行制动减速时，可控列尾装置根据来自 LKJ 的列车管减压量信息，由列尾控制盒生成控制指令，通过 GSM-R 网络及 LOCOTROL 地面应用节点（AN）、控制列尾主机在列车尾部对列车管同步减压。当减压量达到给定值时，停止减压。

可控列尾装置由安装在机车司机驾驶室内的列尾控制盒、安装在列车尾部的列尾主机和用于列尾主机与控制盒进行数据交换的通信模块组成。

通信系统采用 GSM-R 数字移动通信系统。

1. GSM-R 技术应用

我国自主研发了机车同步操控地面应用节点、车载通信单元和管理维护设备，为实现利用多种编程方式进行 2 万吨重载组合列车同步操控的目的提供了可靠的网络条件。

采用同站址双基站和基站交织两种无线覆盖方式混合组网，满足了不同地理环境对网络可靠性的需求。

在机车同步操控系统通信平台的基础上进行系统功能升级，自主研发了可控列尾主机和控制盒，从而节省了机车使用数量，提高了经济效益。

2. LOCOTROL（机车无线遥控操纵）系统技术简介

可以实现机车在列车的分散布置，使各机车做到同步牵引和制动，有效减少纵向冲动和车钩力，缩短制动距离和制动时间。有利于列车按不同目的地解编。系统结构简单，只需对机车进行加装改造，成本较低，易于维护和管理。但必须保证无线通信功能的可靠。车站可以通过客户端实时掌握在线运行的可控列尾装置的工作情况，包括列车运行位置、主机的工作状态、电池电量等信息，进而提高管理维护的水平和效率，防故障于未然。

本章小结

列车尾部安全防护装置（简称列尾装置）用作无守车货物列车（或客车）的安全装置，是为了适应货物列车取消安全守车和运转车长岗位后，在货物列车尾部无人值守情况下，提高铁路运输的安全性而研制生产的专用安全装置，是确保货物列车运行安全的重要行车安全防护设备。

列尾装置的功能包括：

1. 机车乘务员可随时查询列车尾部风压数据。
2. 可从列车尾部实施辅助排风制动。
3. 具有自动检测列车风压功能，当列车风压不正常时自动报警。
4. 兼做列车昼夜尾部标识。

5. 列尾主机电池电量不足告警。

6．黑匣子记录功能。

列尾装置系统主要由三部分构成：列车机车部分、列车尾部部分（列尾装置尾部主机）和列车尾部安全防护装置数据处理系统。

机车乘务员操作司机控制盒功能键，首尾以无线数据传输方式传递信令（编码信息），其信令通过机车列调电台（或列尾专用机车电台）发送出去，列尾主机接收到司机控制盒发送的信令后，其响应信息再以同样的方式返回司机控制盒，司机通过司机控制盒合成的语音信息来了解列车尾部风压及列尾主机的工作状态等情况，并根据反馈的信息做出判断和处理。

复习思考题

1. 列车尾部安全防护装置（列尾装置）的功能有哪些？
2. 简述列尾装置的工作原理。
3. 列车尾部安全防护装置主要由哪几部分构成？
4. 说明列尾装置司机控制盒各功能键的作用。
5. 机车乘务员正确使用确认键的步骤有哪些？
6. 说明机车乘务员使用控制盒检查列车尾部风压的操作及实施操作的条件。
7. 说明机车乘务员利用列尾装置进行辅助排风制动的操作及实施操作的条件。
8. 在进出站和进出坡道前进行尾部风压查询需要注意哪些？
9. 在运行中发现列尾装置故障不能使用或丢失时如何处理？
10. 可控列尾装置的基本功能是什么？

第五章　机车车载安全防护系统

【本章要点】

机车车载安全防护系统（6A 系统）的定义和作用。

6A 系统主要由中央处理平台和六个子系统构成，即以中央处理平台（CPP）为核心，集成了 6 个监控子系统：机车高压绝缘检测子系统、机车防火监控子系统、机车自动视频监控及记录子系统、机车列车供电监测子系统、机车空气制动安全监测子系统、机车走行部故障监测子系统。

6A 系统基本设置有：根据安装的车型进行 CPU 系统设置、对制动子系统进行安装传感器的设置，对视频子系统进行探头位置的设置，对防火子系统进行探头位置的设置和与对视频子系统进行报警联动的设置。

6A 系统的检修分为日常检修、月度检修、季度检修。

机车走行部故障监测装置，也称为轴温报警装置，通过实时监测机车走行部轴箱轴承、电机轴承及电机抱轴瓦的温度并在温度异常时自动报警，来防止“燃轴”事故的发生，保障行车安全。机车走形部重点监测部位：主传动轮轴的轴箱、牵引电机轴承、抱轴。

车顶高压设备绝缘故障检测装置用于判断车顶高压设备配件是否接地，如绝缘子污闪、受电弓等配件故障后，可使用该装置进行判断，如没有发生接地，则可继续升弓，减少因盲目升弓，烧断接触网造成事故的可能性。

第一节　机车车载安全防护系统——6A 系统

一、机车车载安全防护系统简介

近年来随着机车交路的不断延长，运行速度的不断提高及牵引重量的不断加大，机车在运用现场的安全事故发生的可能性也在逐渐增加，一旦发生，直接和间接损失巨大，严重影响了运行安全和运营秩序。

其中走行部轴箱轴承、电机轴承等故障；列车在运行中发生折角塞门非正常关闭引发的冒进、冲撞事故；机车高压绝缘破坏，引起接触网烧损，造成大面积停电；机车内部电线电缆短路、过热及其他原因而引起的机车火灾；列车供电故障，造成列车不能正常出库、发车等均严重破坏了铁路运行安全基础。

因此，如何用技术手段体系化的解决机车安全的管控问题，已经成为机车运用部门的关注重点。

由于各监测设备在标准、功能、安装、人机界面、维护管理等方面的不统一，导致不同厂家产品接口均不相同，所以无法纳入规范化管理和信息处理网络，更无法适应安全管理、跨局运用等现实需求。

机车车载安全防护系统（6A 系统）是针对机车的高压绝缘、防火、视频、列车供电、制动系统、走行部等危及安全的重要事项、重点部件和部位，采用实时检测、监视、报警并可实现网络传输、统一固态存储和智能人机界面，整体研究设计而形成平台化的安全防护装置，最终实现统一功能接口、统一数据存储、统一安装方式、统一人机界面、统一维护操作的目的。

6A 系统依托 CMD 系统为传输平台，与车载微机系统、LKJ 监控系统共同构成机车数据源，如图 5.1 所示。

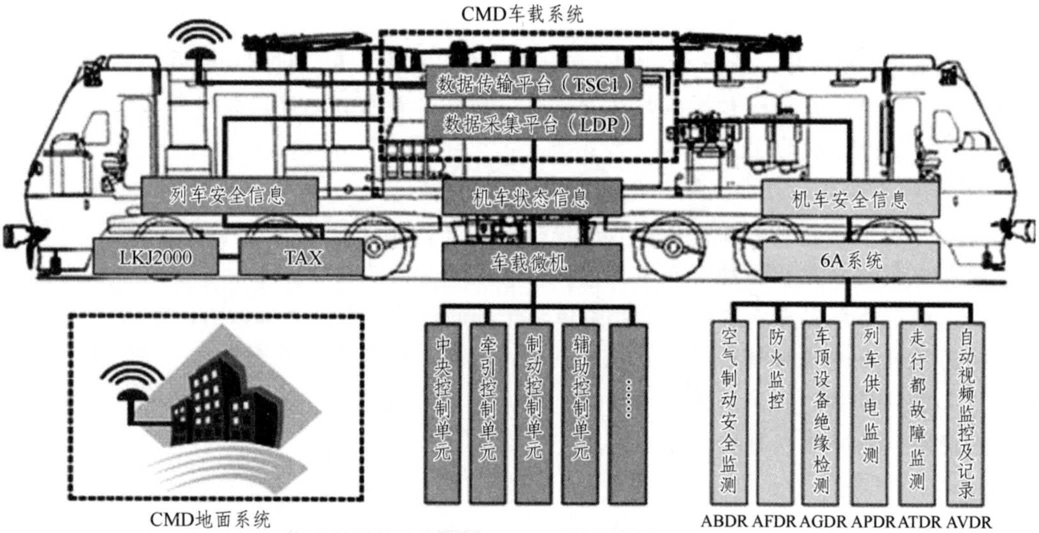

图 5.1　CMD 车载系统传输平台

二、系统构成与功能

（一）系统构成

系统主要由中央处理平台和六个子系统构成，即以中央处理平台（CPP）为核心，集成了 6 个监控子系统，如图 5.2、图 5.3 所示。

CPP——中央处理平台。

AGDR——机车高压绝缘检测子系统。

AFDR——机车防火监控子系统。

AVDR——机车自动视频监控及记录子系统。

APDR——机车列车供电监测子系统。

ABDR——机车空气制动安全监测子系统。

ATDR——机车走行部故障监测子系统。

图 5.2　6A 系统车载主机

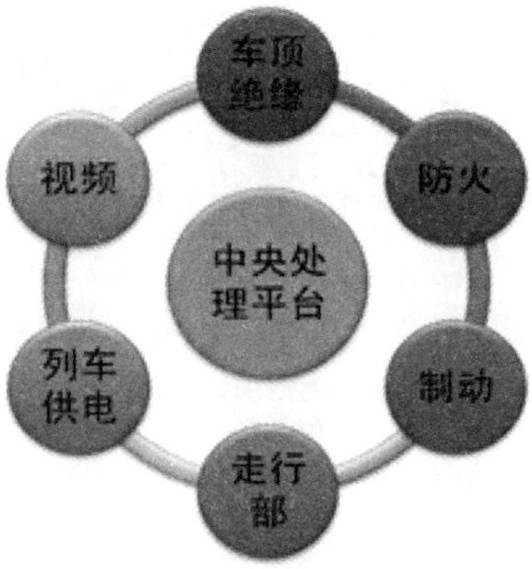

图 5.3　6A 系统构成示意图

（二）各部分功能

1. 中央处理平台（CPP）

其主要功能包括：综合处理报警、安全信息存储、人机交互界面、平台统一供电、实时网络传输、双处理器冗余工作、监测子系统可扩展，如图 5.4 所示。

图 5.4　中央处理平台主机和音视频显示终端

2. 机车高压绝缘检测子系统（AGDR）

其主要功能包括：升弓前对机车高压绝缘状态进行确认、记录高压绝缘测试数据，防止因为盲目升弓而引起接触网烧损，如图 5.5 所示。

3. 机车防火监控子系统（AFDR）

其主要功能包括：火灾报警、火情可视。在司机室、机械间等处布设烟温复合探头，在地板线槽内布设感温电缆，监测车内司机室、机械间等处温度、烟雾变化，预防机车电气、油气起火事故的发生，如图 5.6 所示。

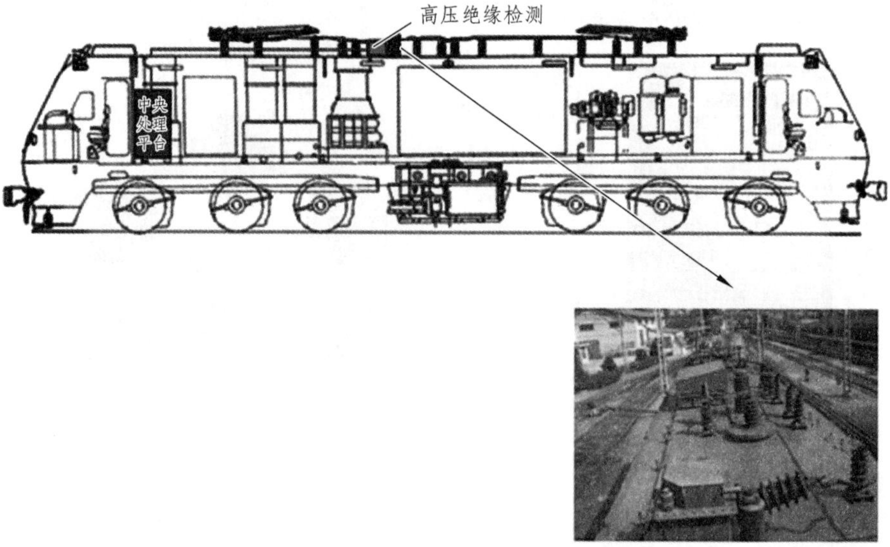

图 5.5　机车高压绝缘检测子系统

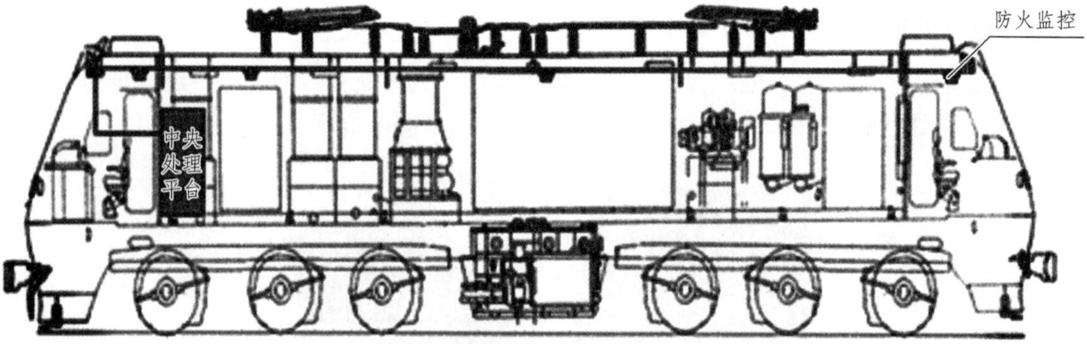

图 5.6　机车防火监控子系统

4. 机车自动视频监控及记录子系统（AVDR）

其主要功能包括：监控路况、司机室、机械间等处的视频图像，实现与防火系统的联动、视频图像存储和调用分析。通过记录司机操作、运行路况、机械间图像等，辅助进行事故分析，如图 5.7 所示。

5. 机车列车供电监测子系统（APDR）

其主要功能包括：接地诊断（漏电流检测）、对机车及后部列车供电状态进行监测、列车供电状态及故障记录。可在机车出库、挂车、运行过程中对列车供电状态进行实时监测，实现列车供电系统故障分析和报警功能，如图 5.8 所示。

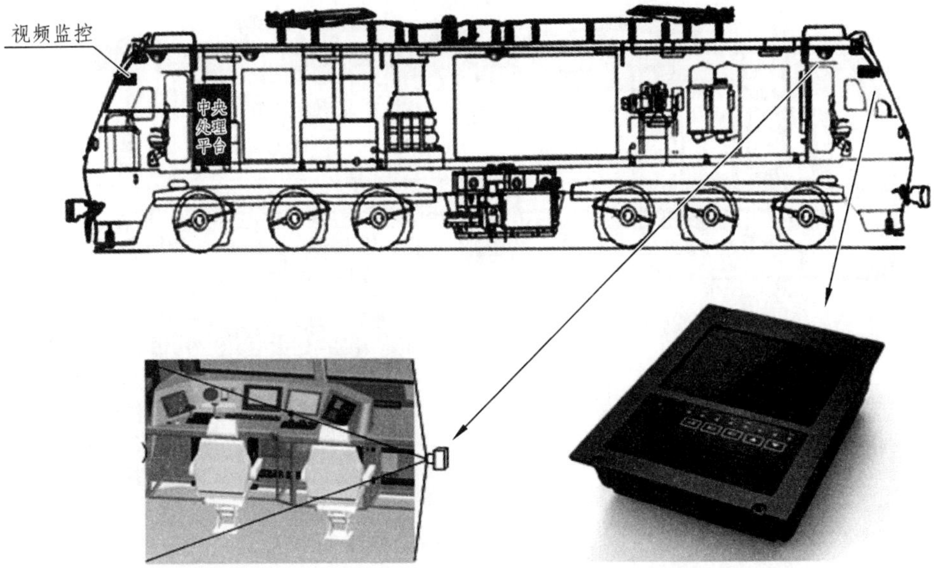

图 5.7　机车自动视频监控及记录子系统

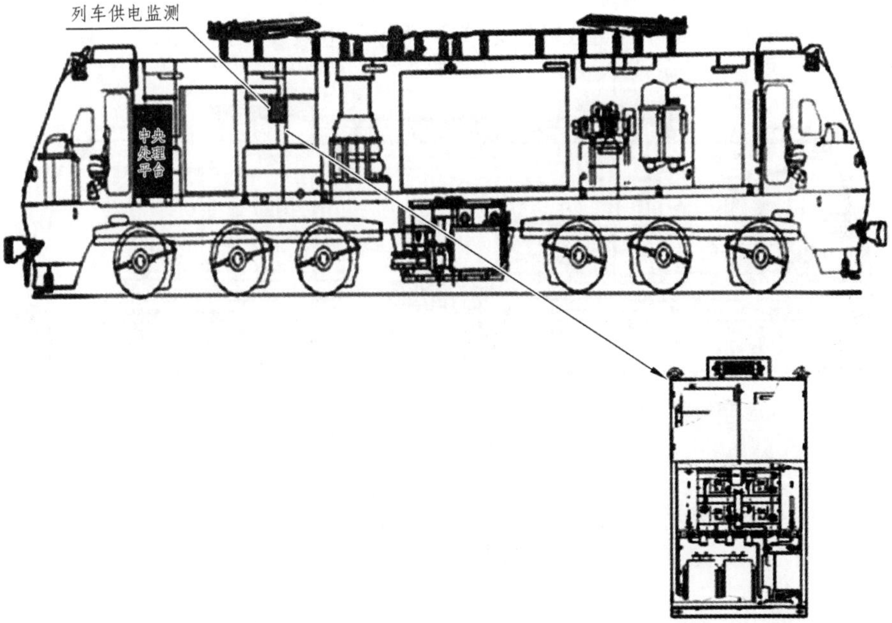

图 5.8　机车列车供电监测子系统

6. 机车空气制动安全监测子系统（ABDR）

其主要功能包括：对列车折角塞门非正常关闭进行监测，对机车停放制动的非正常施加进行监测。预防列车因折角塞门关闭、制动失灵引起的行车事故的发生，预防机车意外带闸行车事故的发生，如图 5.9 所示。

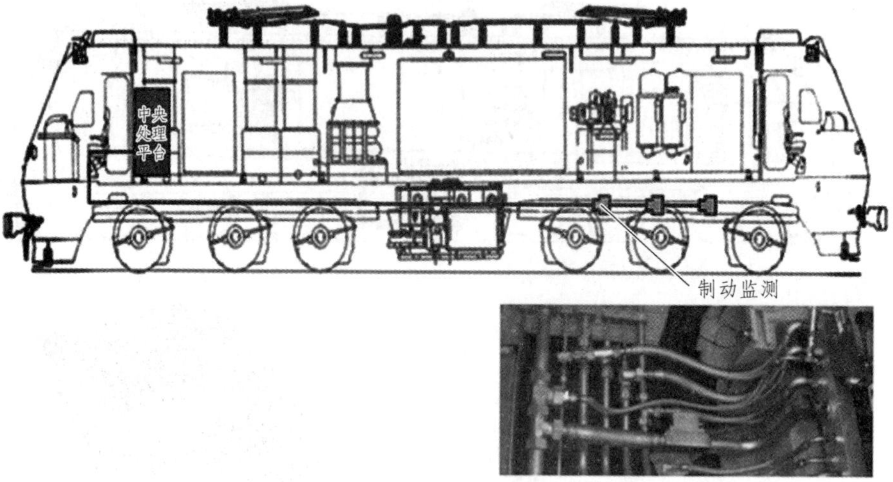

图 5.9　机车空气制动安全检测子系统

7. 机车走行部故障监测子系统（ATDR）

其主要功能包括：对走行部轴承温度和受到冲击的监测。通过振动谱分析，检测走行部轴箱轴承、电机轴承和踏面的早期故障，以降低走行部事故发生的可能性。如图 5.10 所示。

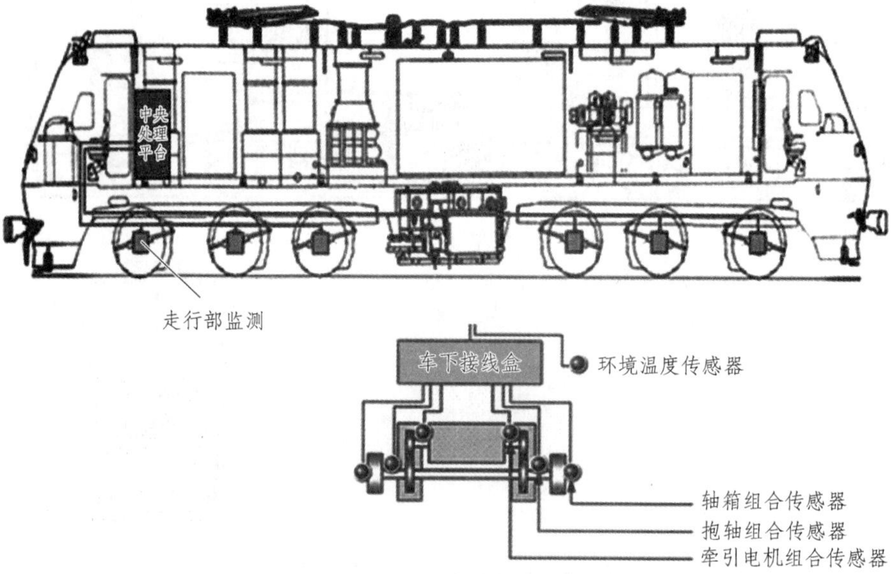

图 5.10　机车走行部故障监测子系统

（三）显示界面

主界面正常情况下为了不干扰司机操作只显示时间。显示终端主界面，如图 5.11 所示。

图 5.11　显示终端主界面

1. 发生报警的情况

发生报警后主界面自动显示报警信息，并进行语音提示。司机可根据报警信息，选择查看相应子系统的详细数据，如图 5.12 所示。

假设前述的走行部报警发生后，司机可查看各轴的温度和振动状态，如图 5.13 所示。

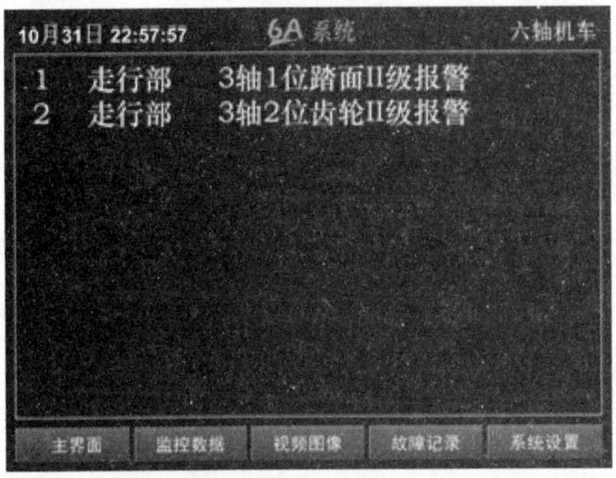

图 5.12　发生报警的情况图

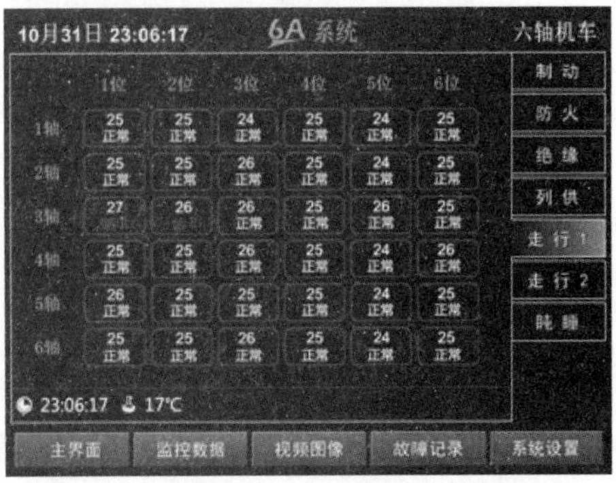

5.13　发生报警的情况

2. 防火视频联动

发生火灾报警后，主界面首先显示报警信息并发出语音提示，如图 5.14 所示。随后系统自动切换到火情发生部位的监视视频图像，便于司机及时观察和确认，如图 5.15 所示。

选择查看司机室司机操作的视频图像，如图 5.16 所示。

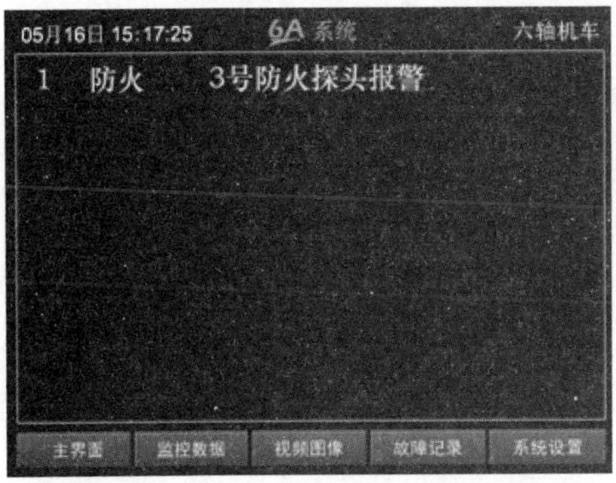

图 5.14　发生报警的情况

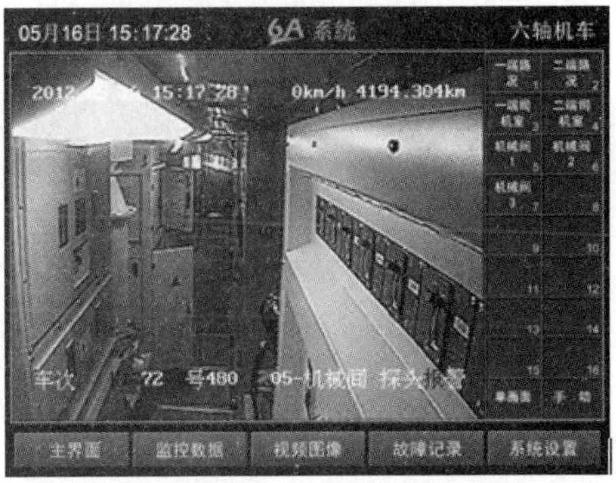

图 5.15　发生报警的情况

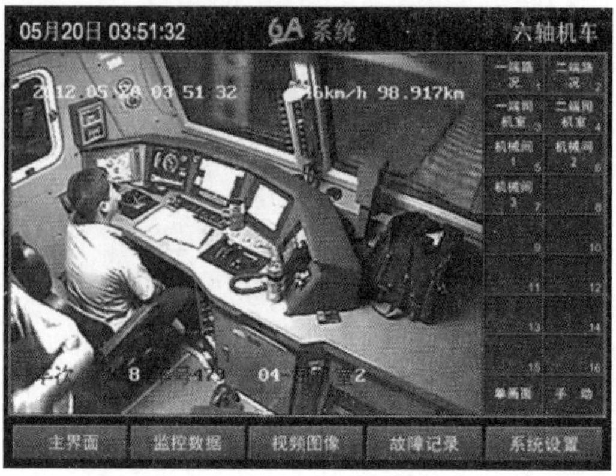

图 5.16 司机室图像

三、6A 系统设置

1. 开机前准备

安装完毕后，测量 6A 系统的绝缘性能和供电电压，确认正确后方可开电运行。

电力机车：分别检查 DC110V、DC24V、DC12V 电源线的正负，并确认 110V、24V、12V 电源的数值大小。

内燃机车：分别检查 DC74V、DC24V、DC12V 电源线的正负，并确认 74V、24V、12V 电源的数值大小。

开机前还须测试风扇组件运行状况，步骤如下：

（1）确保风扇电工装线上的开关在“ON”位。

（2）确保风扇运转良好，没有异常的噪声。

（3）空气须从下向上流动。

2. 6A 系统基本设置

（1）根据安装的车型进行 CPU 系统设置。

（2）对制动子系统进行安装传感器的设置。

（3）视频子系统进行探头的位置设置。

（4）防火子系统进行探头的位置设置和与视频子系统进行报警联动的设置。

上述设置须在音视频显示终端进行操作。

3. 6A 系统设置界面

当需要对系统进行设置时，输入密码方可进行设置，如进行“系统设置”→“视频通道”→输入密码的一系列设置后，再按 OK 即可。若密码输入错误，会返回到系统设置主界面。若仅查看系统设置信息，则输入“0”即可查看，如图 5.17 所示。

“机型配置”界面，显示机车类型以及已经成功安装的监控子系统。点击“机车类型”的内容，根据具体使用车型，可分别选择“六轴机车”、“八轴 A 节”和“八轴 B 节”。同时根据

《6A 系统不同机型配置单》可选择安装或不安装各监控子系统，如图 5.18 所示。

“系统时间”界面下可对系统的时间进行设置，设置方式可选择手动对时和自动对时，如图 5.19 所示。

图 5.17　系统设置界面

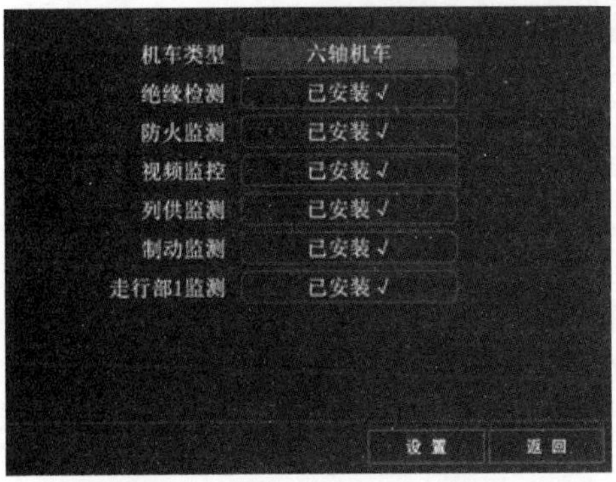

图 5.18　机型配置界面

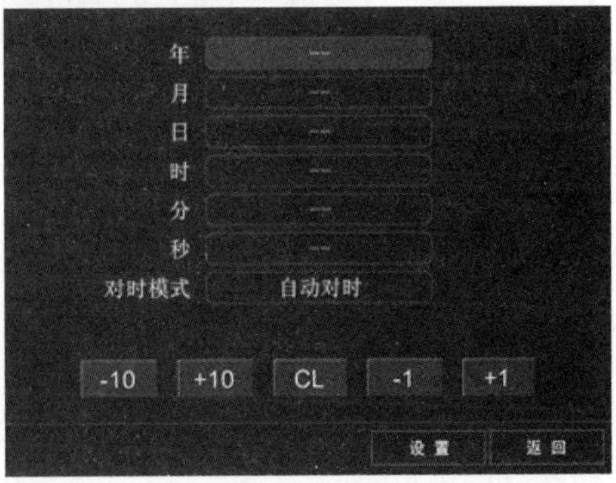

图 5.19　系统时间界面

“视频通道”界面可对各视频通道进行探头的位置设置，第一次使用视频监视子系统，需手动添加所需的视频内容，如图 5.20 所示。

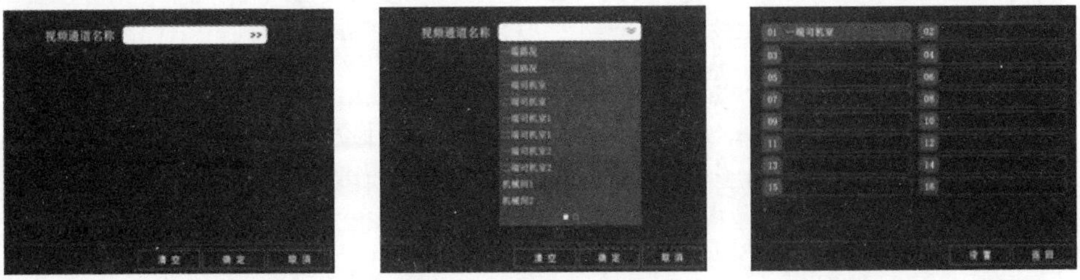

图 5.20　视频通道界面

对通道 1 添加内容，按如下步骤进行：

（1）双击“01”，进入视频通道名称界面。

（2）点击“>>”箭头，出现下拉菜单，选择“一端司机室”，并点击“确定”，返回上级界面。

(3) 点击“设置”，弹出窗口显示设置已发送，表示此通道已添加成功。

防火探头位置的设置方法与视频通道的设置方法类似，在设置防火探头位置的同时，对防火探头和视频通道进行关联设置，如图 5.21 所示。

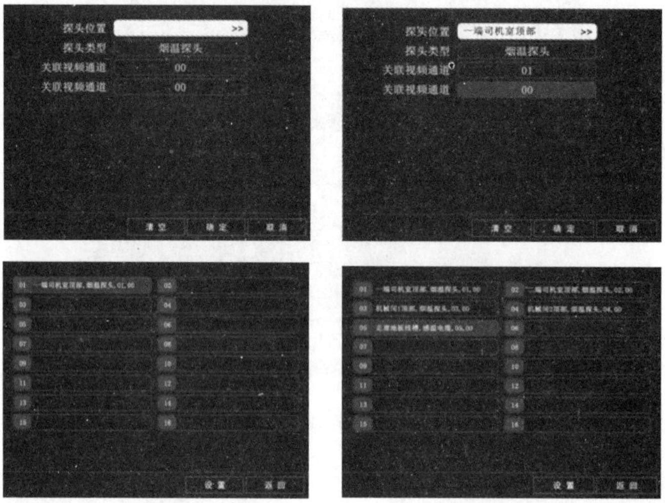

图 5.21　防火探头位置的设置界面

四、使用说明

司机上车后，将 6A 系统的电源空开（QA64）和监控系统的电源空开（QA56）闭合。司机台左侧的音视频显示终端会启动，并进入 6A 系统界面。

用手指先点击一下屏幕，在屏幕的下方会显示操作界面按钮，此时可选择下列任意项操作：

- 点击【监控数据】—【制动】按钮，显示速度值和风管压力值。
- 点击【监控数据】—【防火】按钮，显示传感器和火灾报警。
- 点击【监控数据】—【绝缘】按钮，检测时显示检测电压值。
- 点击【监控数据】—【列供】按钮，显示列供状态及电压电流值。
- 点击【监控数据】—【走行 1】按钮，显示所有轴位的温度值。
- 点击【视频监控】，显示各个通道的视频图像。
- 点击【故障记录】—【本次上电】，显示本次开电后发生的故障信息。
- 点击【故障记录】—【历史故障】，显示曾经发生的历史故障信息。

1. 绝缘检测

按照《绝缘检测操作说明》进行高压绝缘检测，如表 5.1 所示。

注：6A 系统的任何报警都不会控车。

2. 数据下载

机车运行一个交路回到机务段以后，需要将运行过程中存储的过程数据下载，并导入到

“6A 地面专家系统”中，进行数据查看分析，指导检修的工作。整个数据下载的过程如下。

（1）从中央处理平台数据下载数字证书【license】文件，放入 U 盘的根目录下，下载前要确认下载的时间天数。

（2）将 6A 系统开电，待 CPU 板卡显示出版本信息和时间信息后表示系统启动完毕。启动后 CPU1 显示屏的显示如图 5.22 所示。

图 5.22　启动后 CPU1 显示屏显示

（3）将被授权的 USB 硬盘插入 CPU1 板卡前面板的 USB 插孔中，被插入 USB 硬盘的 CPU 板卡液晶屏显示“CPU 下载…下载天数”字样，如图 5.23 所示。

图 5.23　USB 硬盘插入 CPU1 板后显示

（4）当 CPU 板卡液晶屏显示“CPU 下载…完成”时，表示下载完成，即可拔出 USB 移动硬盘，如图 5.24 所示。（30 天的数据，十分钟左右即可下载完毕）

图 5.24　下载完毕

表 5.1　绝缘检测操作说明

检测频率	1. 发生弓网故障或车顶高压设备故障，按程序在对故障检查处理后，必须进行车顶绝缘检测。 2. 途中发生接触网跳闸、停电或机车网压为零停车检查处理后，必须进行车顶绝缘检测。 3. 车顶高压设备缠绕异物，在清除异物或采取高压隔离相应端受电弓后，必须进行车顶绝缘检测。 4. 库内停留机车在首次升弓前，必须进行车顶绝缘检测。 5. 电力机车车顶进行检修、检测后的机车在转入有电区前，必须进行车顶绝缘检测
环境要求	遇上打雷、闪电等极端恶劣天气时，不进行检测
检测要求	1. 机车电钥匙处于断开或拔出状态。 2. 机车顶部及地沟无人，天窗处于关闭状态。 3. 除照明和系统外，其他负载全部关闭
检测方法	1. 将控制气路柜上的蓝钥匙插入系统主机—绝缘检测板卡钥匙孔中，拧到“开”位。 2. 按压【出库检测】按钮，板卡屏幕会显示检测电压及结果。 3. 检测完毕后，将蓝钥匙拧到“关”位，并拔出，放回原位
报警处理	如遇到异常或绝缘报警，请将蓝钥匙拧到“关”位至少 5 秒后再重新将蓝钥匙拧至“开”位，按照测试要求重新进行检测，以便确认检测结果。如最终确认绝缘低于报警阈值，绝缘检测装置处于报警状态，此时不得升弓

五、安装方案

（一）HXD_3C 机车 6A 系统安装方案

HXD_3C 机车 6A 系统安装位置如图 5.25 所示；HXD_3C 机车 6A 系统安装方案说明如表 5.2 所示。

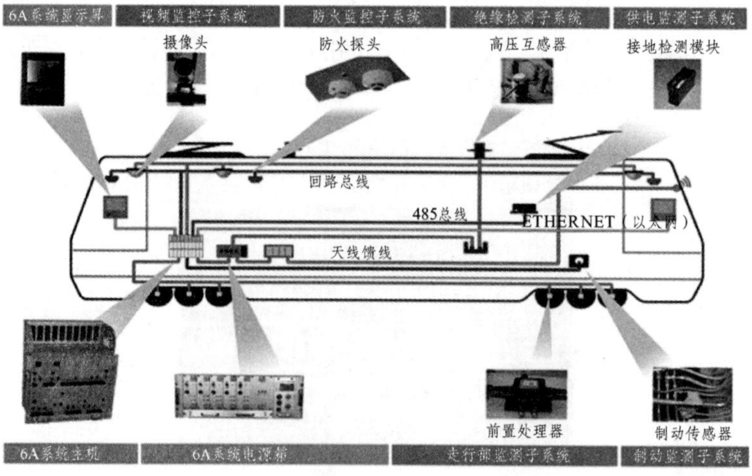

图 5.25　HXD_3C 机车 6A 系统安装位置图

表 5.2　HXD_3C 机车 6A 系统安装方案说明

系统	位置	数量	说明
中央处理平台	6A 主机箱内	1 套	
制动监测子系统（ABDR）	6A 主机箱内	1 块	制动监测板卡
	制动柜的列车管出口的管路上	1 只	列车管压力传感器
	停放单元切除塞门之后的管路上	1 只	停放缸压力传感器
	在制动柜的均衡缸管路上	1 只	均衡缸压力传感器
绝缘检测子系统（AGDR）	6A 电源箱内	1 块	绝缘检测板卡
走行部监测子系统 1（ATDR）	6A 主机箱内	1 块	走行部 1 板卡
	车下轴承	36 只	传感器
列供监测子系统（APDR）	6A 主机箱内	1 块	列供监测板卡
防火监测子系统（AFDR）	6A 主机箱内	1 块	防火板卡
	司机室 1 顶部	1 只	高温探头
	司机室 1 顶部	1 只	烟温复合探头
	司机室 2 顶部	1 只	高温探头
	司机室 2 顶部	1 只	烟温复合探头
	制动机上方、中轴线位置	1 只	高温探头
	制动机上方、中轴线位置	1 只	烟温复合探头
	中梁、中轴线位置	1 只	高温探头
	中梁、中轴线位置	1 只	烟温复合探头
	人孔盖、中轴线位置	1 只	高温探头
	人孔盖、中轴线位置	1 只	烟温复合探头
	列供柜 1 柜体上方	1 只	高温探头
	列供柜 2 柜体上方	1 只	高温探头
	通道地板下动力电缆区	1 条	感温线缆
音视频显示终端	一端司机台左侧墙壁	1 台	音视频显示终端 A
	二端司机台左侧墙壁	1 台	音视频显示终端 B
视频监控子系统（AVDR）	6A 主机箱内	3 块	视频采集、存储板卡
	前后司机台右侧	各 1 只	路况摄像头
	前后司机室顶棚右侧	各 1 只	司机室摄像头
	机械间走廊顶棚，均匀分布	3 只	机械间摄像头

（二）HXD_2D 交流传动快速客运电力机车 6A 系统安装方案说明

HXD_2D 型交流传动快速客运电力机车 6A 系统组成如图 5.26 所示。

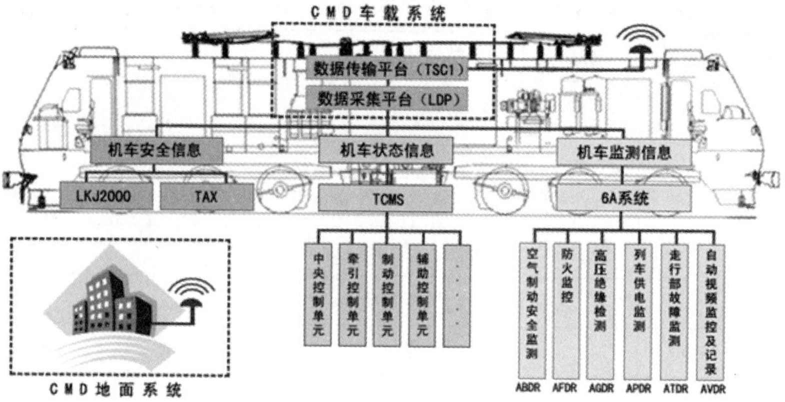

图 5.26　HXD_2D 交流传动快速客运电力机车 6A 系统组成

1. 6A 系统主机安装方案

根据设备布置情况，将 6A 系统柜安装在间靠近 I 端司机室的机械间内，6A 系统柜外形和具体安装位置如图 5.27 所示。

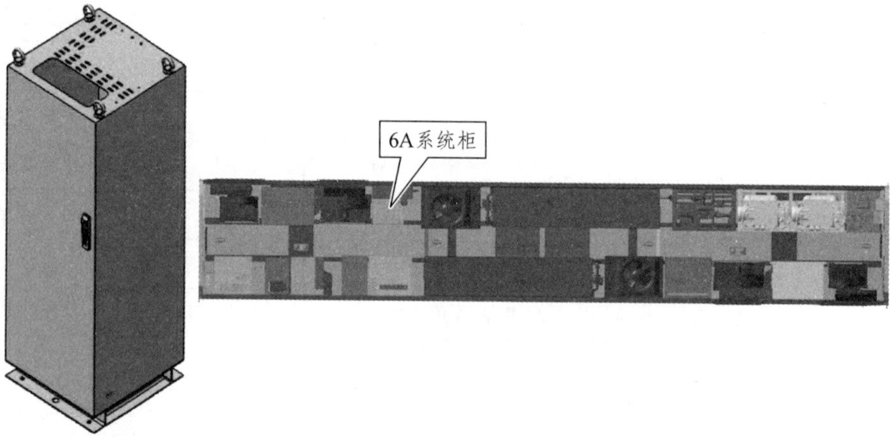

图 5.27　6A 系统主机安装方案

2. CMD 主机安装方案

CMD 主机安装在 6A 系统柜底层，将机车运行状态数据、监控数据、6A 系统的监测数据通过 TSC1 传输至地面，并保留“3G”无线通信能力。CMD 主机如图 5.28 所示。

图 5.28　CMD 主机

3. CMD 天线安装方案

CMD 天线安装在顶盖 1 上，具体位置如图 5.29 所示。

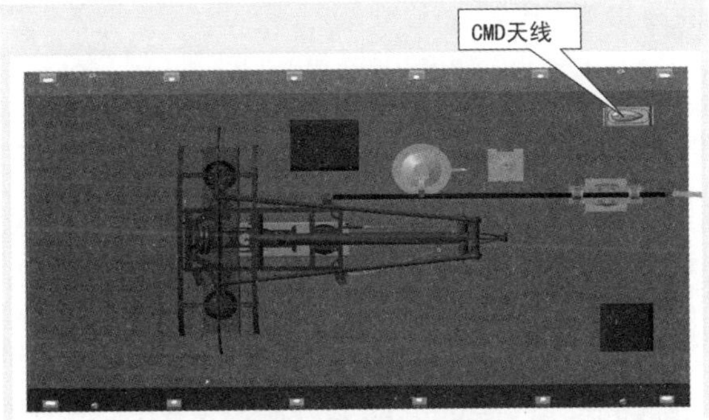

图 5.29　CMD 天线安装位置

4. 6A 显示终端安装方案

为方便人机信息交互，6A 显示终端安装在机车操纵台上，终端 A、终端 B 分别装在 I、II 端司机室内，两终端机械尺寸一致，与监控系统的电气接口不一致，安装位置如图 5.30 所示。

图 5.30　6A 显示终端

5. 高压绝缘检测系统安装方案

根据机车高压电压互感器的设置，选择输出电压为 0～116 V（对应网压 0～29 kV）范围的高压绝缘检测装置，外形如图 5.31 所示。

图 5.31　高压绝缘检测装置外形图

6. 视频监测子系统安装方案

机车视频监测子系统按照安装位置和功能分为 4 部分：机车路况摄像头、机车司机室摄像头、机械间摄像头、盹睡摄像头。

1）机车路况摄像头布置

机车路况摄像头安装在机车操纵台上部，安装位置如图 5.32 所示。

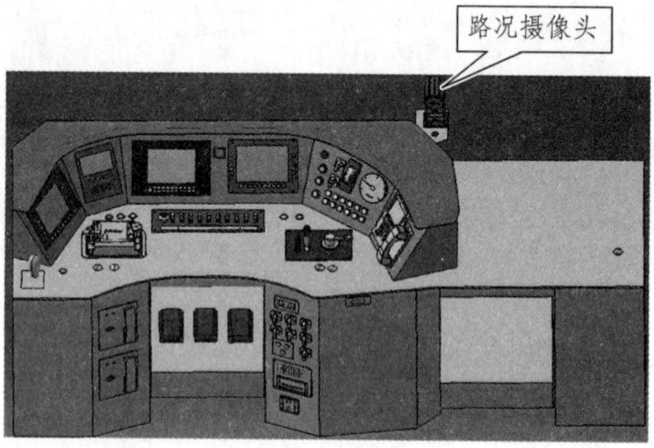

图 5.32 机车路况摄像头安装位置

2）机车司机室摄像头

每个司机室设置两个摄像头，具体位置如图 5.33 所示。

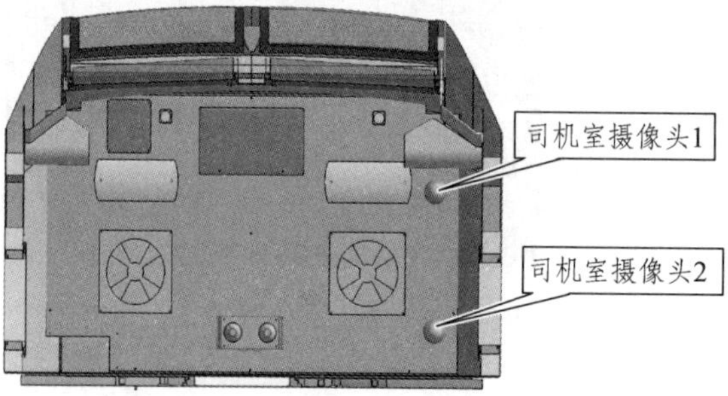

图 5.33 机车司机室摄像头安装位置

3）机车机械间摄像头

为保证拍摄范围能够覆盖整个机械间，在机械间设置了 4 个摄像头，具体位置如图 5.34 所示。

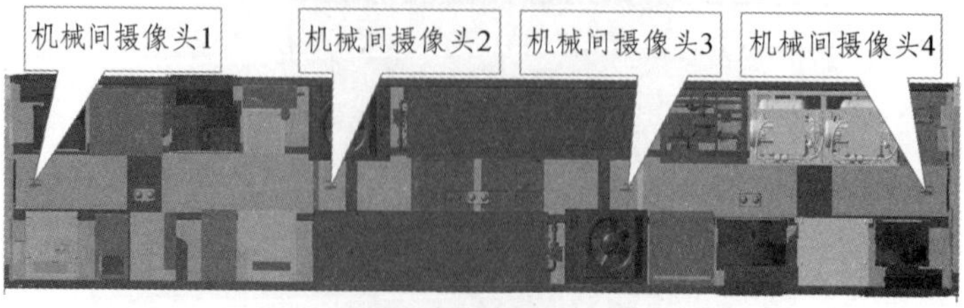

图 5.34 机车机械间摄像头安装位置

4）盹睡摄像头

司机盹睡摄像头安装在操纵台面向司机正前方的地方，如图 5.35 所示。

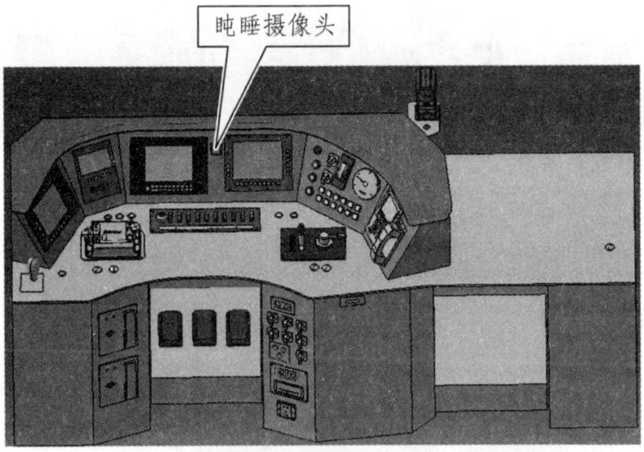

图 5.35　司机盹睡摄像头安装位置

7. 防火系统安装方案

1）司机室防火探头布置

机车每个司机室设置一个感温感烟探测器，安装在司机室顶部，具体位置如图 5.36 所示。

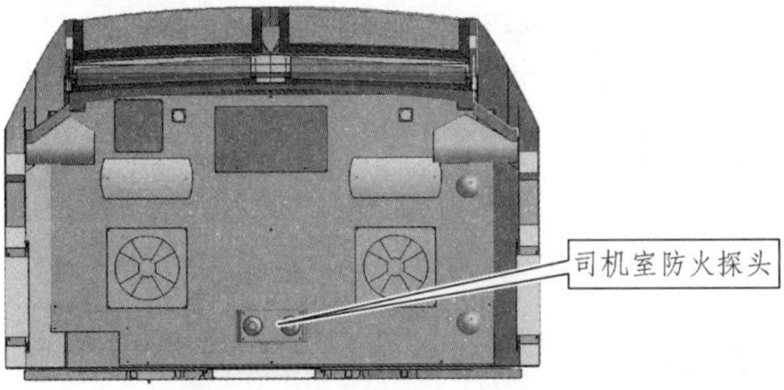

图 5.36　司机室防火探头布置

2）机械间防火探头布置

机械间设置 3 个感温感烟复合探头，具体布置如图 5.37 所示。

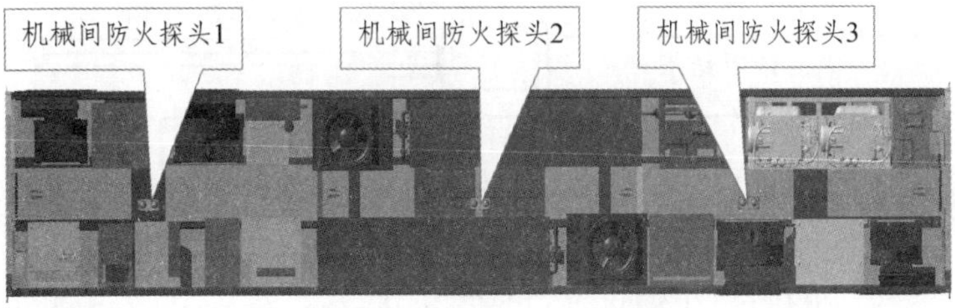

图 5.37　机械间防火探头布置

3）感温电缆布置

机车中央线槽为机车高压电缆敷设区域，在整个高压电缆区域敷设感温电缆，感温电缆敷设区位置和监视模块安装位置如图 5.38 所示。

8. 列车供电监测系统安装方案

列车供电监测板卡安装在 6A 系统柜内部，漏电流检测模块安装在列车供电柜内，供电柜通过 RS485 总线与列车供电监测板卡进行通信，如图 5.39 所示。

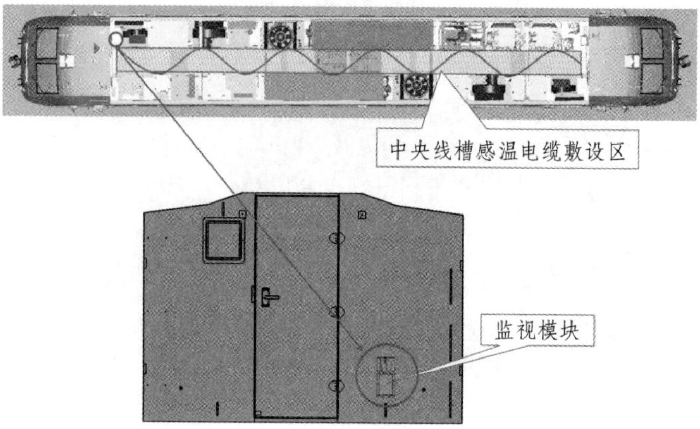

图 5.38 感温电缆布置

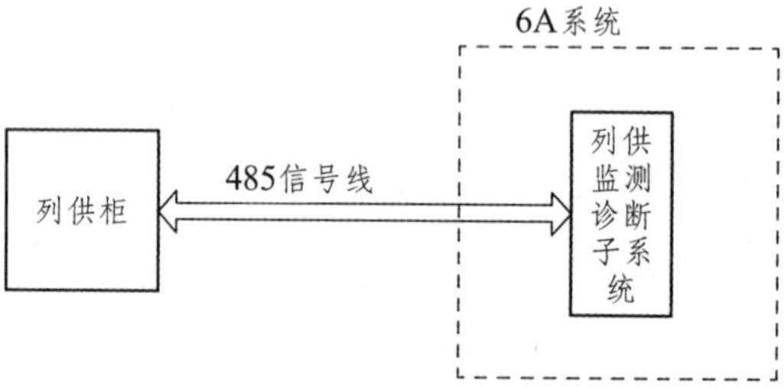

图 5.39 列车供电监测系统通信图

9. 制动监测系统安装方案

制动监测系统包括制动监测板卡、列车管压力传感器和停放制动压力传感器、均衡风缸压力传感器。制动监测板卡安装在 6A 系统柜主机箱内，3 个压力传感器安装在制动柜上，预布中继阀压力传感器电缆，如图 5.40 所示。

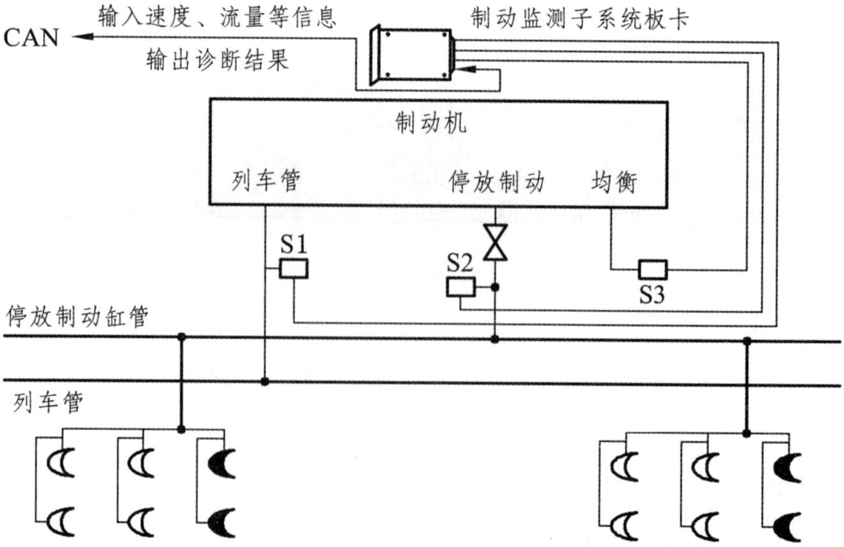

图 5.40 制动监测系统图

10. 走行部监测子系统安装方案 1

驱动装置采用弹性架悬空心轴结构，每条轴 5 个测点，如图 5.41 所示。传感器定义为从齿轮箱所在端开始，依次为：

1 位——齿端轴箱轴承座。

2 位——齿端电机轴承座。

3 位——空心轴轴承座。

4 位——非齿端电机轴承座。

5 位——非齿端轴箱轴承座。

图 5.41　走行部监测子系统安装方案 1

11. 走行部监测子系统安装方案 2

每台车的前端和后端分别安装车体加速度传感器和构架加速度传感器，具体位置如图 5.42 所示。

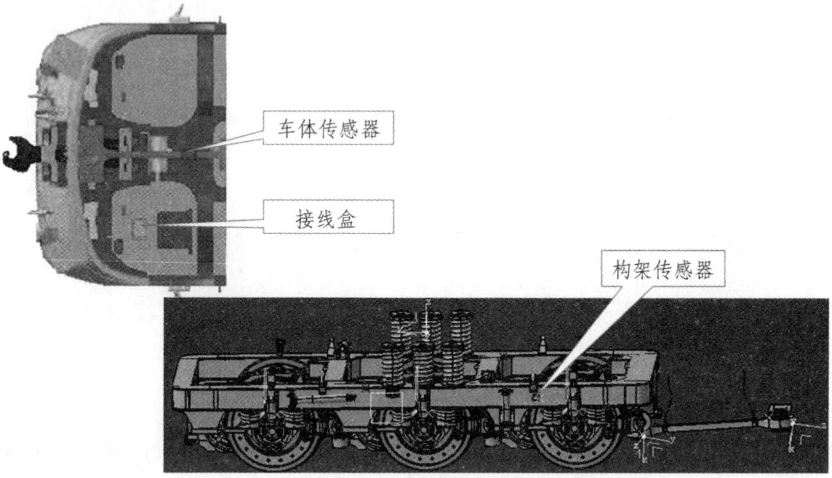

图 5.42　走行部监测子系统安装方案 2

六、系统检修与维护

（一）系统的检修与维护

6A 系统的检修分为日常检修、月度检修、季度检修。

1. 日常检修

1）故障查看

机车入库后，服务人员上车查看 6A 系统本次运行的报警情况，并做好记录工作。所有故障现象可利用拍照留存。

查看方法：在任何一端的音视频显示终端【故障查看】—【历史故障】界面查看近期的故障。

2）数据下载

在机车运用初期（暂定一个月），正常情况下要在机车每次入库后，下载 6A 系统过程数据。运用稳定后，机车每次入库检查时，有报警信息就需要立即下载过程数据，如果无报警信息可根据实际情况安排每周下载一次数据。

3）检修维护

机车运用时期，需要对运用机车进行日常的检查和维护。要根据 6A 系统的使用说明，通过音视频显示终端对各显示界面进行查看，对中央处理平台和各子系统的通信进行状态检查，确认所有子系统均能正常工作。如果子系统报警或自检时出现故障，要通知相应的子系统售后服务人员现场进行故障判断和排除。

2. 月度检修

机车运用时期，每月需要定期对 6A 系统进行功能状态进行确认，以确定 6A 系统所有功能正常，并达到部铁运涵〔2011〕737 号文规定的各项功能要求。检修中发现问题应立即通知 6A 系统服务人员对故障进行确认和处理，并将处理结果上报机务段技术科。

3. 季度检修

机车运用过程中，每三个月要进行一次完整的功能验证试验，以保证中央处理平台和各子系统的报警功能正常。

（二）功能验证

1. 机车空气制动安全监测子系统（停放制动非正常施加监测模块）

试验方法：

① 在机车处于静止状态时观察制动监测界面有无停放制动意外施加故障报警。

② 调整停放缸压力使其小于 370 kPa，观察制动监测界面有无停放制动意外施加报警。

③ 调整 LKJ，模拟机车速度是否大于 5 km/h。

④ 制动界面应在 10 秒钟内报停放制动意外施加。

⑤ 调整停放缸压力使其大于 370 kPa，制动界面报警是否在 10 s 内解除。

⑥ 调整停放缸压力使其小于 370 kPa，制动界面应在 10 s 内报停放制动意外施加。

⑦ 将 LKJ 速度调整为 0，制动界面报警是否在 10 s 钟内解除。

2. 机车空气制动安全监测子系统（机后防折关监测模块）

“客本”或“货本”模式、非调车工况时的试验方法：

① 将机车自阀移至运转位，将列车制动管风压充至定压 500 kPa 或 600 kPa 并稳定后，自阀减压 140 kPa 或 170 kPa。

② 查看 6A 制动监测显示界面显示的贯通辆数，误差不大于技术条件的要求。

③ 操作并显示贯通辆数 10 s 后，自阀再充风至定压并稳定，查看 6A 制动监测显示界面显示的贯通辆数，误差不大于技术条件的要求。

3. 机车防火子系统

防火监控子系统采用三种前端防火探测设备：烟温复合探头，高温探测器以及感温电缆，分别对这三种探测设备进行基本功能检查。其试验方法如下：

① 观察音视频显示终端的防火界面有无火灾报警发生或探头自检是否出现故障；

② 用专用磁铁接触传感器，防火探头是否会报警，同时音视频显示终端是否自动切换到相对应的摄像头监测图像。

③ 点击复位按钮，防火探头报警是否消失。

4. 机车高压绝缘检测子系统

在机车顶部干燥的状态下进行绝缘检测验证试验：

① 将控制气路柜上的蓝钥匙插入 6A 系统主机-绝缘检测板卡钥匙孔中，拧到“开”位。

② 按“出库检测”按钮，板卡屏幕是否会显示检测电压及结果。

③ 按“运行检测”按钮，板卡屏幕是否会显示检测电压及结果。

5. 机车走行部故障监测子系统一

按照如下步骤对走行 1 故障监测子系统进行基本功能的检查：

① 查看音视频显示终端的走行 1 界面，所有轴位的轴温是否均能正常显示。

② 所有轴位是否无其他报警显示。

6. 机车列车供电监测子系统

① 将 2000 Ω 电阻接入接在 600 V 列供柜与地面之间。

② 给列供控制电，合主断，给列供钥匙给电操作。

③ 观察司机室音视频显示终端列供界面和万用表，此时漏电流应为 100 mA 左右。

④ 将接地电阻更换为 800 Ω 大小，列供柜接地隔离开关打到隔离位。再同步骤①、②、③，观察音视频显示终端列供界面和万用表，此时漏电流应为 160 mA 左右。

⑤ 将列供柜接地隔离开关打到投入位，列供柜给电后，延时几秒后，列供柜输出隔离，漏电流下降，音视频显示终端上报正线接地故障。

7. 机车自动视频监控及记录子系统

① 跟车添乘观察机车运行中的图像质量，进行直观评价（清晰、无扭曲、无抖动、流畅）。

② 用 USB 移动存储硬盘进行视频数字证书授权的下载。确认下载的视频通道和时间。

③ 将 6A 系统开电，CPU 板卡显示出版本信息和时间信息后即表示系统启动完毕。

④ 将被授权的 USB 硬盘插入 AV3 板卡前面板的 USB 插孔中。CPU 板卡即显示“视频下载中”字样。

⑤ 当 CPU 板卡液晶屏显示“下载完成”，即可拔出 USB 移动硬盘，下载完毕。

⑥ 用专用视频播放软件对视频文件进行播放，可对图像质量进行直观评价。

七、报警及故障处理

主要报警及处理方法见表 5.3。

表 5.3　主要报警及处理方法

节点名称	序号	故障名称	处理办法
制动监测子系统（停放制动非正常施加监测模块）	1	停放制动异常施加	如果停放缸压力小于 370 kPa,实施一次停放制动缓解操作
	2	列车管压力传感器故障	机车回库后更换传感器
	3	停放缸压力传感器故障	机车回库后更换传感器
	4	均衡缸压力传感器故障	机车回库后更换传感器
制动监测子系统（折角塞门关闭监测模块）	1	流量传感器故障	停车检查等待救援
	2	折角塞门关闭	停车检查等待救援
防火监测子系统（AF）	1	防火探头故障	机车回库后更换防火探头
	2	防火探头报警	按铁道部和铁路局机车火情处理方案处理
绝缘检测子系统（AG）	1	绝缘报警	确定检测方法是否正确，再检测一次，确认后严禁升弓
	2	板卡故障	机车回库后更换板卡
	3	功率模块通信故障	机车回段后检修功率模块
走行部监测子系统（AT1）	1	传感器故障	机车回库后更换传感器
	2	系统自检故障	机车车回库后更换板卡
	3	温度传感器故障	机车回库后更换传感器
	4	振动传感器故障	机车回库后更换传感器
	5	温升报警	按照段方关于轴温报警相关规定执行
	6	超温报警	按照段方关于轴温报警相关规定执行
	7	轴承报警	按照段方关于轴温报警相关规定执行
	8	齿轮报警	按照段方关于轴温报警相关规定执行
	9	踏面报警	按照段方关于轴温报警相关规定执行

续表

节点名称	序号	故障名称	处理办法
视频监控子系统（AV）	1	采集卡 1 通信故障	机车回库后更换采集卡 1
	2	采集卡 2 通信故障	机车回库后更换采集卡 2
	3	硬盘故障	机车回库后更换 AV3 板卡
	4	摄像头自检故障	机车回库后更换摄像头
列供监测子系统（AP）	1	正线接地	回库后检查
	2	负线接地	回库后检查
音视频显示终端	1	错误对话框	回段后检查或更换音视频显示终端
	2	蓝屏	回段后更换音视频显示终端

第二节　机车走行部监测装置（轴温报警装置）简介

机车在运行过程中常因机车轴温过高而导致机破、机故，甚至造成重大事故，在铁路提速以后，这个问题更是铁路安全运输的一大隐患。

机车走行部故障监测装置，也称为轴温报警装置，通过实时监测机车走行部轴箱轴承、电机轴承及电机抱轴瓦的温度，并在温度异常时自动报警，来防止“燃轴”事故的发生，保障行车安全。

一、轴温报警装置的意义

机车车辆在运行过程中，车轴与轴承之间相互摩擦，容易使轴温升高，温度达到一定程度就会引起燃轴，轻则轴体变形、热轴、固死，造成机破，影响机车的正常运转；重则造成热切轴，列车颠覆、车毁人亡，严重影响铁路运输安全，造成巨大的经济损失和严重的人身伤害。

对机车轴承的温度监控，不但可以防止火灾的发生，而且对于延长设备的工作寿命等都有着极其重要的作用。为此铁道部于 2000 年颁发了《关于机车轴承温度监测报警装置技术条件（暂行）的通知》，对机车轴承温度监测报警装置的研制生产提出了明确的规定和严格的技术要求，以便能及时、可靠、准确地对机车轴温进行监测报警，确保机车车辆的安全运行。

以前铁路列车车辆检修人员通常采用人工手摸的方式，对车轴进行温度检查。在每趟列车进站停稳后，几十名列检工人钻入车下，用手触摸轴箱判断温度，检查过程要在 5～10 min 内进行完毕，劳动强度大、安全保障率低。后来使用红外线探测轴温装置，当列车通过安装在咽喉道岔处的探测装置时，红外线探头就会将车轴温度情况显示出来，值班列检人员根据显示，就能准确判断这趟列车是否有热轴发生。红外线探测只需一个人坐在室内，用一分钟就能把整趟列车的情况探测清楚。减轻了列检人员的劳动强度，提高了检查的准确性、可靠性和工作效率，更提高了经济效益。

车轴温度随列车运输速度不断变化，长途列车的轴温又如何控制呢？利用轴温报警装置。当轴温超限时，显示器的报警装置便发出声响或红色信号，有关人员即可采取防护措施。不管列车跑多远，轴温报警装置都能随时发出信号，有效防止热轴、裂轴等严重事态的发生，极大地保证了行车安全。

二、轴温报警装置的功能

检测牵引电机轴承、轴箱轴承、抱轴瓦或空心轴套的温度。当轴温超过环境温度 55 °C 或温度达 90 °C 时，温度显示和声音报警由监控显示屏和语音箱完成。

机车走行部分重点监测部位：

（1）主传动轮轴的轴箱。

（2）牵引电机轴承。

（3）抱轴。

三、轴温报警装置的特点

（1）采用国际通用的总线数据传输式的集成化数字温度传感器，测量点多、连线简单、稳定性好。

（2）所有的温度传感器通过一根数据总线与监控装置的主机连接，系统每 2 s 对发生变化的温度数据（变化 2 °C）进行一次记录。

（3）监测装置在监测各测量点温度时，在报警点有一对一的报警灯指示。

（4）环境温度监测对整个系统来说非常重要，因而采用两个温度传感器双热备结构。

（5）为保证监测的可靠性，监测装置在采集温度数据的同时，也实时对各温度传感器是否断线、是否短路进行监测。

（6）系统有较完善的计算机地面分析处理软件，便于对机车轴温的动态趋势进行分析，及早发现事故隐患。

四、JZW-1 型机车轴温报警装置的操作方法

1. 开机

机车合上 110 V 电源，主机即进入工作状态。

每次主机开机要先进行自检，自检内容依次为：

① 时间信息：年、月、日；时、分、秒。

② 对数码管、发光二极管、蜂鸣器进行自检。正常时全部点亮，蜂鸣器发出滴滴滴的响声。

③ 对传感器进行自检

自检完毕之后即进入正常工作状态。

2. 变换显示方式

按下【方式】键，显示方式在第一屏和第二屏之间切换：第一屏利用数码管显示所有测温点中最高温度值及位置，第二屏循环显示各测量点温度或信息。

3. 调整数码管亮度

按【调整】键可调整数码管亮度。

4. 修改时钟（日期和时间）和输入车号

同时按下【移位】和【转存】键，进入输入车号和修改时钟的状态。按【移位】键移动修改的位置，按【转存】键，在车号和时钟之间切换。再次按下【移位】和【转存】键将退出修改时钟和输入车号的状态。

5. 复位主机

按下【复位】键，主机将会复位，并再次开始自检。

6. 故障显示

① 温度传感器及连线出现“开路”：发光二极管点阵相应位置的发光二极管点亮，指示报警点位置。

② 温度传感器及连线出现“短路”：发光二极管点阵不作指示，由数码管显示轴承位置、并有“- -”显示。

③ 轴承温升超过 55 °C：由数码管固定显示轴承的温度值及位置，当两个及两个以上的轴承温升超过 55 °C 时，数码管循环显示两个及两个以上的轴承的温度值及位置。同时发光二极管点阵相应位置的发光二极管点亮，指示出报警点的位置。

④ 轴承温度超过 90 °C：由数码管闪烁显示轴承的温度值及位置，当两个及两个以上的轴承温度超过 90 °C 时，数码管循环显示两个及两个以上的轴承的温度值及位置。同时发光二极管点阵相应位置的发光二极管点亮，指示出报警点的位置。

7. 轴温报警装置发生温升报警或超温报警时的处理

运行途中发生温升报警时，应在前方停车站检查报警轴位的轴温。发生超温报警时应在前方站停车检查轴温，确认该位轴承温度异常时，不得继续牵引列车。

第三节　车顶高压设备绝缘故障检测装置简介

一、用　途

用于判断车顶高压设备配件是否接地，如发生绝缘子污闪、受电弓等配件故障后，可使用该装置进行判断，如没有发生接地，则可继续升弓，减少因盲目升弓，导致烧断接触网造成事故的可能性。

二、工作原理

利用高压电压互感器TV1检测机车所在位置接触网高压供电电压原理的逆工作状态而设计。在不升弓、不合主断路器情况下，蓄电池DC96V——逆变器——AC50HZ/100V——高压电压互感器——AC25KV——车顶高压电器，用来判断车顶电器设备对地绝缘是否良好。

注意：通电试验前，必须确认车顶无人；锁闭车顶门、各室门；人员到齐，且均处于安全位置；呼唤应答。

三、CHTCS型电力机车车顶绝缘检测装置简介

电力机车车顶绝缘检测装置是一种专门用于检测车顶高压设备绝缘性能的装置。图5.43为CHTCS型电力机车车顶绝缘检测装置外形图。

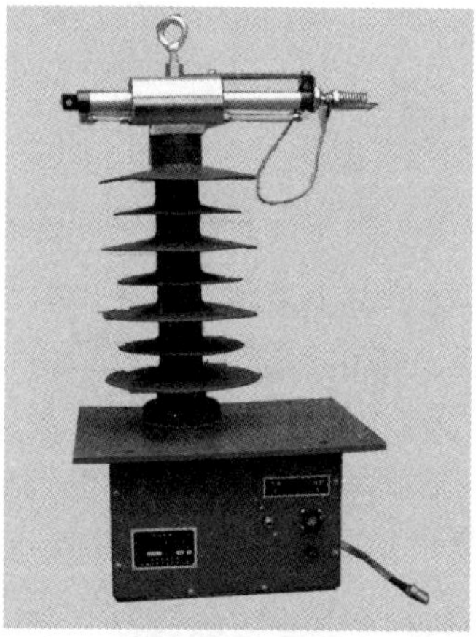

图5.43 CHTCS型电力机车车顶绝缘检测装置

（一）主要功能

（1）通过给被测车顶设备施加高压检测其漏电流从而确定绝缘性能。
（2）可自动或手动调节被加到测车顶设备上的电压。
（3）检测到绝缘性能降低时立即报警，提示工作人员及时处理。
（4）与车顶门信号和受电弓信号联锁，保证测试时高压室无人且受电弓不会升起。

（二）组成结构

装置主要由控制箱和高压发生器两部分组成。

（三）基本原理

该装置在不升起受电弓和主断路器断开的情况下，由蓄电池供电，经逆变器将蓄电池110 V直流电变换为交流电加载到高压发生器上，高压发生器中的高压试验变压器将电压升至35 kV，通过可以升降的测试头与车顶高压电器设备接触。乘务员通过观察显示区的电压值和漏电流值的变化情况，确定车顶高压设备是否接地或绝级降低，若漏电流过大，超漏指示灯亮同时装置报警，表示车顶高压设备有短路或绝缘度降低的现象，此种情况下不得升起受电弓。

（四）技术条件

输入电压：　　DC110 V
输出电压：　　AC 0～35 kV
频率：　　50 Hz，频率偏差为 1%

本章小结

机车车载安全防护系统（6A 系统）是针对机车的高压绝缘、防火、视频、列车供电、制动系统、走行部等危及安全的重要事项、重点部件和部位，采用的集实时检测、监视、报警并可实现网络传输、统一固态存储和智能人机界面于一身，经整体研究设计而形成平台化的安全防护装置。

6A 系统依托 CMD 系统作为传输平台，与车载微机系统、LKJ 监控系统共同构成机车数据源。系统主要由中央处理平台和六个子系统构成，即以中央处理平台（CPP）为核心，集成了 6 个监控子系统：

AGDR——机车高压绝缘检测子系统。

AFDR——机车防火监控子系统。

AVDR——机车自动视频监控及记录子系统。

APDR——机车列车供电监测子系统。

ABDR——机车空气制动安全监测子系统。

ATDR——机车走行部故障监测子系统。

6A 系统的检修分为日常检修、月度检修、季度检修。

轴温报警装置的功能是：检测牵引电机轴承、轴箱轴承、抱轴瓦或空心轴套的温度。当轴温超过环境温度 55 °C 或温度达 90 °C 时，温度显示和声音报警由监控显示屏和语音箱完成。

车顶高压设备绝缘故障检测装置用于判断车顶高压设备配件是否接地，如绝缘子污闪、受电弓等配件故障后，可利用该装置进行判断，如没有发生接地，则可继续升弓，减少因盲目升弓，导致烧断接触网造成事故的发生。

复习思考题

1. 何谓机车车载安全防护系统（6A 系统）？

2. 说明机车车载安全防护系统的构成及各子系统的功能？

3. 6A 系统设置中开机前有哪些准备工作？

4. 6A 系统的基本设置包括哪些？

5. 6A 系统的日常检修内容有哪些？

6. 说明 6A 系统功能验证中机车空气制动安全监测子系统（机后防折关监测模块）的试验方法。

7. 简述 6A 系统中走行部监测子系统（AT1）主要故障的报警情况及处理方法。

8. 机车走形部监测装置（轴温报警装置）的作用是什么？

9. 轴温报警装置的功能是什么？

10. 机车车顶高压设备绝缘故障检测装置的用途是什么？

11. 简述机车车顶高压设备绝缘故障检测装置的工作原理。

第六章　其他行车安全装备

【本章要点】

TAX2 型机车安全信息综合监测装置，是一种可以信息共享的工作平台，有利于对机车进行现代化管理，提高了机车的利用率，它是铁路机车上必须安装的设备。其主要功能单元有：电源单元、通讯记录单元、轨道检测单元、弓网检测单元、TMIS 单元、DMIS 单元、无线列调语音录音单元及备用单元等。

安装在机车司机室内的 TXYJ2001 型机车语音箱，可实现：各种设备的语音提示、报警的集中管理和规范发声，同时有利于机车司机室的规范化、标准化管理。

安装在机车底部的机车电子标签，用于机车与地面设备间信息的接收、上传。

ATP 超速防护设备,主要用于铁路高速动车组上，它与地面轨道电路、应答器设备连动，可实现自动控制列车安全运行的目的。

一、TAX2 型机车安全信息综合检测装置

TAX2 型机车安全信息综合检测装置，是一种集与列车运行安全有关的检测设备和信息传输设备于一体的信息共享的工作平台。提供了铁路安全信息数据共享资源，为列车控制及通信技术数字化、网络化和智能化的实现奠定了基础。

它是机车行车安全系统的重要组成部分，全路机车广泛应用，是全路新造机车出厂必装的重要安全装备之一。

比如，在 HXD_2 型八轴机车行车安全设备柜内主要有：JT1-C 型机车信号主机、LKJ2000 型监控装置主机、列尾电台、机车安全信息综合检测装置 TAX2 箱、数模转换盒等。如图 6.1 所示。

1. 作用

该装置将各检测设备以标准模块单元的形式置于工作平台中，一方面由该工作平台中的通讯记录单元获取监控装置的时间、公里标、速度和车次等信息，另一方面对综合各功能模块单元检测到的信息进行记录。另外，通过装置中的信息传输单元（如 DMIS 单元、TMIS 单元等），可以将列车运行的信息实时传送给有关地面设备，以便实现对机车的动态跟踪管理，提高机车的周转率和对机车的利用率。

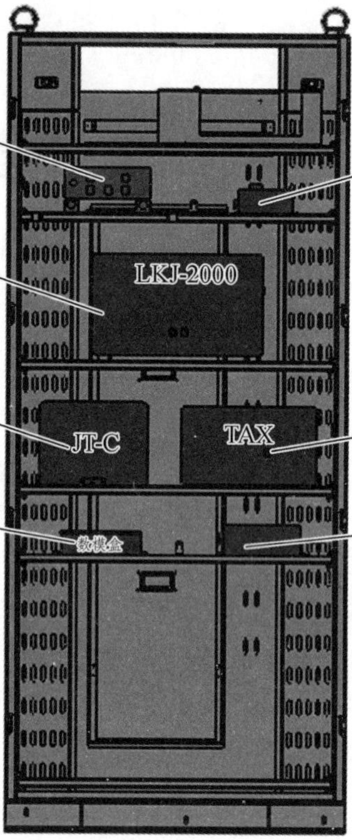

图 6.1 HXD2 型八轴机车行车安全设备安装位置图

2. 结构组成

装置采以电源单元、通讯记录单元作为基本单元配置，其他已开发的功能单元有：轨道检测单元、弓网检测单元、TMIS 单元、DMIS 单元、无线列调语音录音单元。另外，应预留4 个单元位置用于备用功能单元的扩展。

机车安全信息综合检测装置外形图如图 6.2 所示，机箱各单元前面板布置示意图如图 6.3 所示。

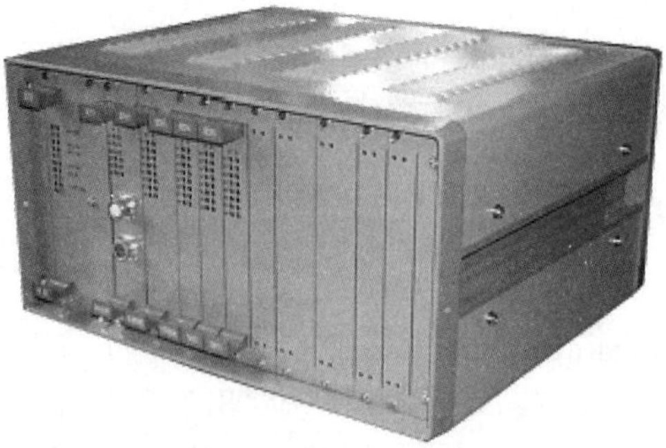

图 6.2 机车安全信息综合检测装置外形图

1）电源单元

装置内部采取由电源单元集中供电的方式，由电源单元提供+5 V、+12 V、+15 V、+24 V、

+110 V 电源给各单元的电路及给其相关外部设备（如：传感器、机车标签等）供电。

2）通讯记录单元

通讯记录单元为装置的核心，通过它可以获取监控装置的运行信息，完成对各功能单元反馈信息的记录及对外数据转储的功能。

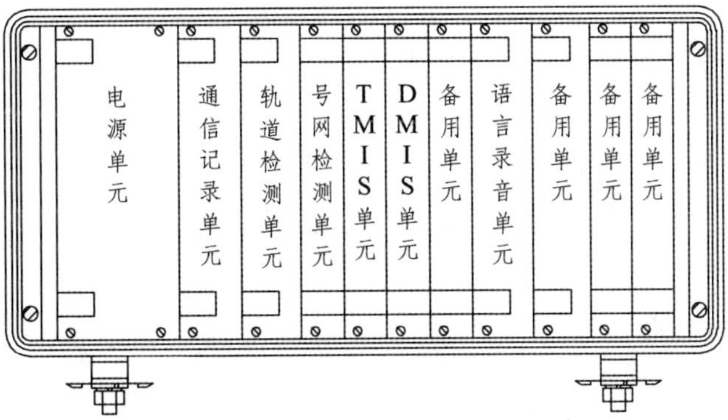

图 6.3　TAX2 型装置前面板布置示意图

3）轨道检测单元

用于机车运行时，动态检测轨道的技术状况。

4）弓网检测单元

用于电力机车运行时，动态检测弓网的技术状况。

5）TMIS 单元

TMIS 单元又称机车标签写入单元，它的主要功能是将从监控装置获取的车次、车号、本/补、客/货、时间、公里标等列车运行信息实时传送给车号识别系统中的机车标签设备，再由车号自动识别系统的地面识别设备和管理设备传送给 TMIS 系统，完成 TMIS 系统对机车的动态跟踪管理。

6）DMIS 单元

它是 DMIS 工程无线车次号校核系统的车次等信息的传输源。它的主要功能是将从监控装置获取的列车运行的时间、公里标、车次、信号机编号和速度等信息调制后，通过机车电台传输到车站地面电台，再传送到 DMIS 系统，完成对机车的调度管理。

7）无线列调语音录音单元

用于对乘务员车机联控过程进行自动录音。

3. TAX2 综合检测装置主要技术参数

1）电源

(1) 电源单元：

① 输入：直流 77 V～137 V

② 输出：5 V±0.05 V　　1 A

　　　　±12 V±0.5 V　　0.5 A

15 V±0.5 V　　1.5 A

24 V±2 V　　0.2 A

（2）电源保护功能：

① 输入欠压保护：75 V±2 V　　可自恢复

② 输入过压保护：140 V±2 V　　可自恢复

③ 5V 回路过压保护：6 V±0.2 V　　不可自恢复

2）记录容量

装置内通讯记录单元记录容量为 1 MB；

允许各检测单元占用的记录信息量不大于 16 KB。

二、机车语音箱

TXYJ2001 型机车语音箱如图 6.4 所示，安装在机车司机室内，可以实现司机室内各种设备的语音提示、报警的集中管理和规范发声，并与发布语音提示、报警命令的设备进行通信联系，及时响应、调度各种设备的语音提示及报警请求。语音箱在检测到控制系统发出的火灾报警、无人警惕报警信号后，发出相应的语音报警。适用于按标准化设计的电力、内燃机车，专用调车机和动车组。非标准化设计的机车经部分改造后也可使用。

图 6.4　TXYJ2001 型机车语音箱

内燃、电力机车和专用调车机上，需要语音提示、报警的设备比较多，这些设备安装在机车的不同位置，有的设备能够独立进行语音提示，有的设备本身没有语音提示、报警功能。随着机车的发展，机车设备的增加，还有更多的设备需要语音提示和报警功能。为了适应铁路机车司机室规范化的要求，对既有设备和其他新发展设备实现集中规范的语音提示、报警和管理，因而研制开发了机车司机室语音箱。

语音箱分为 A 机和 B 机，A 机为主机，安装在 I 端司机室，B 机为副机安装在Ⅱ端司机室。

三、机车电子标签

机车车次、车号自动识别系统主要由机车电子标签、车载编程器（TMIS 板）、标签电缆三部分组成。

机车电子标签安装在机车底部，用于向地面 AEI 设备传送机车信息和接收地面上传的有关信息；车载编程器（TMIS 板）安装在机车 TAX2 箱中，用于存储机车有关信息、向机车电子标签写入信息和接收地面上传到机车电子标签中的信息、与机车监控装置进行通信接收车次等信息并向监控装置传送地面上传的信息。

机车电子标签外形图如图 6.5 所示。

图 6.5　电子标签外形图

四、ATP 超速防护设备

ATP（Automatic Train Protection）超速防护设备，安装在动车组的两端，运行在既有铁路线及客运专线上，与地面轨道电路、应答器设备连动，自动控制动车组列车的安全运行。

1. ATP 车载系统组成及作用

ATP 车载设备由车载安全计算机、轨道信息接收单元（STM）、应答器信息接收单元（BTM）、制动接口单元、记录单元、人机界面（DMI）、速度传感器、轨道信息接收天线、应答器信息接收天线等组成。

ATP 车载设备根据地面设备提供的信号动态信息、线路静态参数、临时限速信息及有关动车组的数据，生成控制速度-目标距离模式曲线，来控制动车组列车运行。同时，记录单元对 ATP 有关数据及操作状态信息进行实时动态记录。

2. ATP 车载设备主要工作模式

（1）ATP 完全监控模式：当车载设备具备列控所需的基本数据（轨道电路信息、应答器信息、列车数据）时，ATP 车载设备生成目标距离模式曲线，并能通过 DMI 显示列车运行速度、允许速度、目标速度和目标距离等，监控列车安全运行。

（2）ATP 部分监控模式：若 ATP 车载设备接收到轨道电路允许行车的信息，但线路数据缺损时，ATP 车载设备产生固定限制速度，监控列车运行。

（3）目视行车模式：在 ATP 车载设备显示禁止信号列车停车后，根据行车管理办法（含调度命令），经司机特殊操作（如按压专用按钮），ATP 生成固定限制速度（20 km/h），列车在

ATP 监控下运行，司机对安全负责。

（4）调车监控模式：列车进行调车作业时，司机经特殊操作（如按压专用按钮）后，转为调车模式，ATP 生成调车限制速度，控制列车运行。牵引运行时，限制速度 40 km/h；推进运行时，限制速度 30 km/h。

（5）隔离模式：ATP 车载设备故障，触发制动停车后，根据故障提示，经司机特殊操作，ATP 车载设备控制功能停用。在该模式下司机按调度命令行车。若仅 BTM 失效，ATP 车载设备提供机车信号，可人工转为 LKJ 模式控制列车运行。

3. 动车组行车安全车载设备情况

1）特点

动车组上设备与普通干线运用机车设备的不同之处在于其不再使用机车信号装置，而是直接采用超速防护系统 ATP（动车组上安装的设备型号为 CTCS2—200c），其具备机车信号的所有功能，并具备 LKJ 的大部分功能，能够适应高速行车的控制要求。

由于此类设备主要靠引进技术，人机对话显示器（简称 DMI）界面提示主要为英文，使用方便性及与和现有设备的技术兼容性都较差。但其技术及控车方式都比监控装置先进。它不再像监控装置那样，线路数据都需预存到主机中（这样当线路条件发生变化需每台车都改动时，维护不方便），而是通过地面设备向其传送变化信息。其由 ZPW-2000（UM）系列轨道电路、车站闭环电码化、应答器设备和车站列控中心等组成。

车站列控中心具有轨道电路编码、应答器编码（LEU）及控制功能，并根据轨道电路及进路状态等信息产生行车许可，通过轨道电路及有源应答器将行车许可传送给列车。

2）工作过程

动车组同时装备 ATP 车载设备与 LKJ2000 型列车运行监控记录装置。

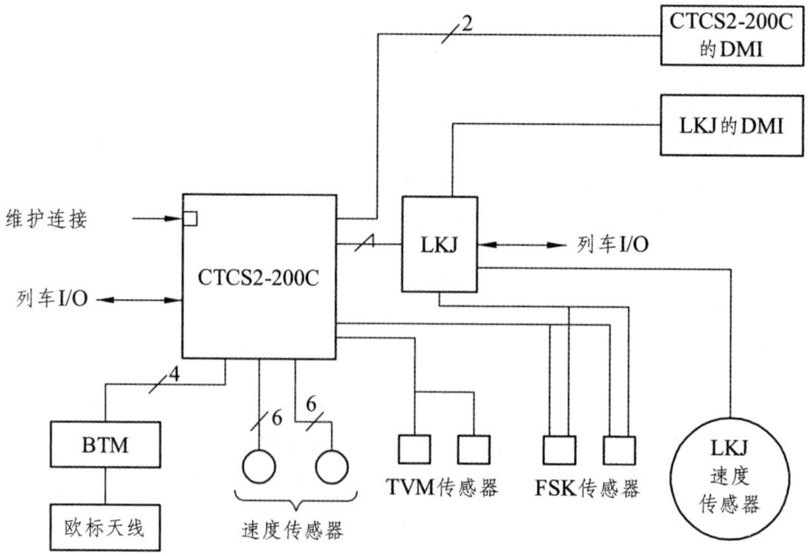

图 6.6 动车组行车安全车载设备组成框图

在 CTCS2 级区段（线路允许运行速度 160 km/h 以上的区段），由 ATP 车载设备控车；在 CTCS0 级、CTCS1 级区段或在 CTCS2 级区段 ATP 车载设备特定故障下，LKJ 列车结合 ATP 车载设备提供的机车信号或主体机车信号功能，控制列车运行，最高速度不超过 160 km/h。

正常情况下，无需停车，两种控车模式通过特殊应答器自动转换；故障情况下，停车后进行手动转换。

上述两种控车模式下，LKJ 列车通过 ATP 车载设备接收或记录有关列控状态数据（含进路参数、列车位置等）及其对应的操作状态信息。

ATP 车载设备具备设备制动优先（机控优先）与司机制动优先（人控优先）两种模式。根据用户需求，通过 ATP 车载设备内部设置选择其中一种模式。其车载设备组成如图 6.6 所示。

本章小结

TAX2 型机车安全信息综合监测装置，是一种可以信息共享的工作平台。它是机车行车安全系统的重要组成部分，是新造机车出厂必装的重要安全装备之一。该装置可获取监控装置的时间、公里标、速度和车次等信息，同时记录各功能模块单元检测到的信息。

TXYJ2001 型机车语音箱，安装在机车司机室内，可以实现：司机室内各种设备的语音提示、报警的集中管理和规范发声，并与发布语音提示、报警命令的设备进行通信联系，及时响应、调度各种设备的语音提示及报警请求。

机车电子标签安装在机车底部，用于向地面 AEI 设备传送机车信息和接收地面上传来的有关信息。

ATP 超速防护设备主要安装在动车组上,与地面轨道电路、应答器设备连动，保障列车的安全运行。其中 ATP 车载设备根据地面设备提供的各种有关数据，实时计算出列车的控制速度和目标距离模式曲线，以控制动车组列车的运行。记录单元对 ATP 有关数据及操作状态信息进行实时的动态记录。

复习思考题

1. 说明 TAX2 型机车安全信息综合监测装置的作用及结构组成。
2. TXYJ2001 型机车语音箱的用途是什么？
3. 说明机车电子标签的安装位置及作用。
4. 说明 ATP 超速防护设备车载系统的组成及作用。
5. ATP 车载设备主要工作模式有哪些？
6. 动车组行车安全车载设备的特点是什么？

参考文献

[1] 杨志刚．LKJ2000型列车运行监控记录装置[M]．北京：中国铁道出版社，2003．
[2] 闫永革．机车乘务员通用知识[M]．北京：中国铁道出版社，2001．
[3] 河南思维自动化有限公司．LKJ2000 列车运行监控记录装置用户手册．郑州：河南思维自动化有限公司，2006．
[4] 西安铁路局机务处．LKJ2000 型监控装置乘务员操作手册．西安：西安铁路局机务处，2007．
[5] 兰州铁路局机务处．LKJ2000 监控装置操作使用手册．兰州：兰州铁路局机务处，2007．
[6] 周江涛．列车行车安全装置[M]．北京：中国铁道出版社，2008．
[7] 张曙光．CRH_5型动车组[M]．北京：中国铁道出版社，2008．
[8] 张曙光．HXD_1型电力机车[M]．北京：中国铁道出版社，2009．
[9] 张曙光．HXD_2型电力机车[M]．北京：中国铁道出版社，2009．
[10] 中国铁路总公司．铁路技术管理规程（普速铁路部分）[M]．北京：中国铁道出版社，2014．
[11] 中国铁路总公司．铁路技术管理规程（高速铁路部分）[M]．北京：中国铁道出版社，2014．

附 录
FULU

三显示自动闭塞区段连续式机车信号机

图1.2（a）　图1.2（b）　图1.2（c）

图1.2（d）　图1.2（e）　图1.2（f）

图1.2（g）

图1.2（h）

图1.2（i）

图1.2（j）

图1.2（k）

四显示自动闭塞区段连续式机车信号机

图1.3（a）

图1.3（b）

图1.3（c）

图1.3（d）

图1.3（e）

图1.3（f）

图1.3（g）

图1.3（h）

图1.3（i）

图1.3（j）

图1.3（k）

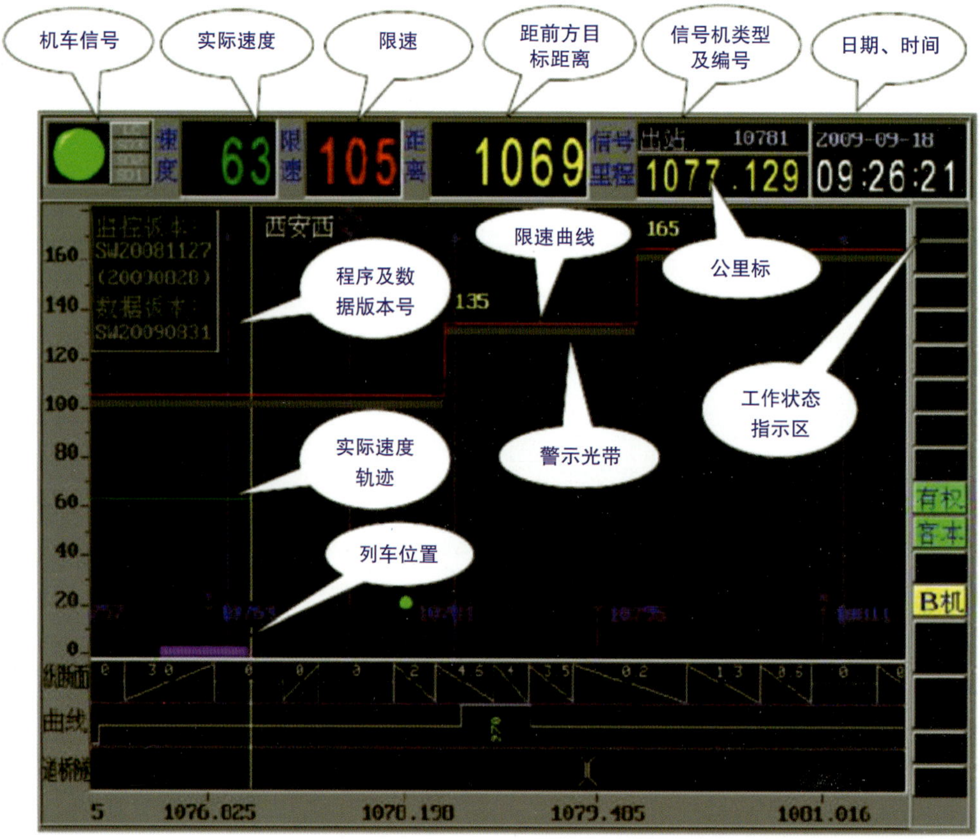

图2.3 LKJ2000型监控装置开机自检后显示界面